金利の歴史

HISTORY OF INTEREST RATES

平山賢一 著

中央経済社

はじめに

住宅ローンの金利選択、事業資金の調達手法、累増する日本国債問題、そして日本銀行の異次元緩和政策の正常化など、金利に関わるニュースの枚挙に暇がない。これら耳目を集めるニュースは、すべて現在の金利をどのように評価したらよいかという課題に他ならない。簡単に言えば、次のような疑問に集約できるだろう。

「現在の金利は、低いのか、高いのか？」
「今後金利は、上昇するのか、低下するのか？」

わが国にあっては、「失われた30年」とも称される期間を通して、金利が消失するどころか、マイナス金利の歩みをたどってきたが、再び「金利のある世界」へと歩みを踏み出し始めている。大きな転換点であるだけに、金利についての疑問を懐く人も多いだろう。このような疑問に答えるために、本書は、現在の金利の位置づけと、将来の金利の見通しを描けるように、30のテーマに絞って「金利の歴史」を繙くものである。

普通に生活を営む中で、改めて振り返ることはない歴史の一分野だが、時として日々の生活や仕事を大きく左右するだけに見過ごすわけにはいかない。住宅ローンの金利は、月々の生活費の余裕度に直結し、事業を拡張する際の借入金の金利水準は、ビジネスの展開に大きく影響するからである。さらに国家による借金や金融政策といった大きなテーマも、金利の変動から大きな影響を受けるだけに、金利の歴史を探ることは、社会全体を支配する雰囲気の理解にも役立つだろう。

ところで、この金利の歴史を遡る際には、できるだけ遠い昔までを対象にした方がよいという点は重要である。たとえば、50年という時間軸であれば、１９８０年前後に高水準を記録した国債利回りは、低下基調で推移してきただけに、今後の金利上昇時には、再び１９８０年前後まで上昇するという見通しも描けるだろう。しかし、３００年という時間軸で見ると、１９８０年前後の金利水準は異常に高く、通常の金利上昇では１９８０年前後の金利水準まで上昇するとの見通しは描きづらいのが容易に理解されよう。具体的には、３００年間にわたる英国債利回りの平均は４・４％であるのに対して、約15％という１９８１年の利回り水準は高すぎるという評価になるだろう。

一方、時間軸を延ばして、より多くのデータを得ようとしても、金利の過去データを取得する難易度は極めて高いのが現状である。特に古代や中世の金利データは、継続的に計測されたものではなく、条件や地理的な差異があるため、残念ながら推測に委ねざるを得ない。そのような制約があるものの、S・ホーマー（Sidney Homer）とR・シラ（Richard Sylla）は、『金利の歴史（A History of Interest Rates）』をまとめ上げ、金利史研究の金字塔を打ち立てている。本書は、同書に負うことでデータ取得の限界を一定程度乗り越えたものの、わが国のデータについては十分とは言えない。そこで、ライフワークとして収集してきた明治維新後の金利データを基に、わが国についても160年程度の時間軸で金利の歴史について整理することを試みている。読者にあっては、金利をめぐる歴史の旅をお楽しみいただけたら幸いである。

本書の構成は、モノとカネの関係の歴史を明らかにするために、「金利の歴史」を30項目のテーマに絞って記している。紙幅の関係から、金利史のすべての重要項目をカバーしきれているものではないが、著者が重要と考える歴史上の出来事を主軸に取り上げたつもりである。本書は、世界パートと日本パートに区分しているが、世界パートについては、データの豊富な欧米が中心の著述になっている。特に近世以前はGDPの規模が大きかった中国の金利史について、本来は紙幅を割くべきだが今後の課題としたい。

また、金利の歴史については、預金や資金貸借の金利、債券の利率および利回り、短期金融市場の金利といったデータを取り扱っているが、近代以降の金利の指標となる国債利回りについては、政府の資金調達の観点から考察を加えている。特に21世紀に突入して以降、経済危機が重なるごとに、政府の債務残高が拡大し、政府の資金調達の持続可能性が重要なアジェンダにもなってきているからだ。政府の資金調達の成否は、国債利回りの変動を伴って、われわれの生活を左右するだけに、目をそらしていてはいけない課題の1つと言えよう。

多くの項目は、「どのような疑問の回答になっているのか」が分かるように、表題に示したものもあるので、興味のある項目を拾い読みしてもよいだろう。読者にあっては、物価史・金利史の謎が1つでも多く解けたなら幸いである。さらに本書は、モノやサービスといった物価指標であるインフレ率に軸足を置いた『物価の歴史』も姉妹書として同時に出版している。筆者としては、読者の皆様がどちらの書籍からでも読み進めて、物価史・金利史の謎を1つでも多く解き明かしていただければありがたい。

尚、本書における内容は、筆者の所属する組織の意見を表明したものではなく、個人的見解である。また、筆者と出版社は、本書内のデータ・分析およびその他すべての内容の正確性を保証するものではない。そのため、本書の内容の使用等により、直接的・間接的に生じる結果に対して、筆者と出版社は一切の責任を負わない。

目次

第2章 ルネサンスにみる商人と宗教、そして金利……31

第3章 大航海時代・帝国主義時代の国債・公債管理……67

序章

金利の歴史を学ぶということ

２０２４年3月19日、日本銀行は、十数年にわたり続けてきた異次元金融緩和政策から、正常化への第一歩を踏み出した。民間の金融機関から日本銀行が預かる当座預金（所要準備額相当分を除く）に付してきたマイナス金利を解除し、その付利金利を０・１％に引き上げたのである。[*1] この政策変更に伴い、主要銀行の普通預金金利は、０・００１％から０・０２％まで引き上げられ20倍になった。さらに２０２４年7月31日には、日本銀行当座預金（同）の付利金利を０・２５％に引き上げ、無担保コールレート（同）を、０・２５％程度で推移するように促すことを、相次いで決定した。[*2] この利上げにより、普通預金金利は０・１％となり、異次元金融緩和時代の１００倍になったため、多くの預金者にとってみれば朗報であった。

◆注目される普通預金金利の推移

一方、消費者物価指数（全国・総合指数）は、年率2・8％（２０２４年7月現在）のペースで上昇しており、余裕資金を普通預金にしておいても、物価上昇ペースを下回るため、目減りしてしまうことになる。金利水準の動向は、家計の運営を左右するだけに、異次元金融緩和の解除後、金利水準に注目が集まっている。この普通預金金利は、過去どのように推移してきたのか、もしくは、物価の変動を上回る金利収入を得られたのかという疑問は深まるばかりだ。実は、普通預金金利が、０・４％を下回ったのは、１９９２年8月であり、30年超にわたり、普通預金金利は、低位、かつ狭い幅で安定的に推移してきた。それだけに、今後も極端に変動

＊1　金融市場調節方針として、無担保コールレート（オーバーナイト物）を、０～０・1％程度で推移するように促すこととし、長期金利上限の目途を定めたイールドカーブ・コントロールや指数連動型上場投資信託（ETF）および不動産投資信託（J-REIT）の新規買入を終了することにした。

＊2　基準貸付制度の適用金利（基準貸付利率）を０・3％から０・5％に引き上げるとともに、長期国債買入れの減額について、月間長期国債の買入予定額を、原則として毎四半期4、０００億円程度ずつ減額し、２０２６年1～3月に3兆円程度とする計画を決定した。

し難いタイプの金利と言えそうだ。より時間軸を拡張して１９５０年以降の普通預金金利を示した**図表0-1**を見ても、普通預金金利（太線）は、それほど大きく変動していないのが確認できる。特にインフレ率が高かった時期でも、普通預金金利は高くても３・２５％に過ぎなかった。１９６０年代や１９７０年代は、消費者物価指数の年上昇率（インフレ率・細線）を上回ることはなく、両者の乖離幅（棒グラフ）は、通期で水面下に沈んでいる。

　平均してみれば過去74年間で、普通預金金利は、インフレ率を１・９％程度下回っていた。「インフレ率＞普通預金金利」であれば、金融資産の購買力は、低下していくのは言うまでもない。そのため、多くの預金者は、物価上昇を下回る成果に甘んじざるをえず、金融資産を目減りさせてしまったのである。

　この間、普通預金がインフレに勝った年数は、21にとどまる一方、インフレに負けた年数は53にのぼる。圧倒的に、普通預金金利の分が悪かったのである。さらに、勝った年に、普通預金金利がインフレ率を上回った幅（平均乖離幅）は０・９％であったのに対して、負けた年に下回った幅（同）は実に３・１％という大幅なものであった。つまり、普通預金金利は、インフレ率の上昇に追随し難い

図表０－１　普通預金金利とインフレ率

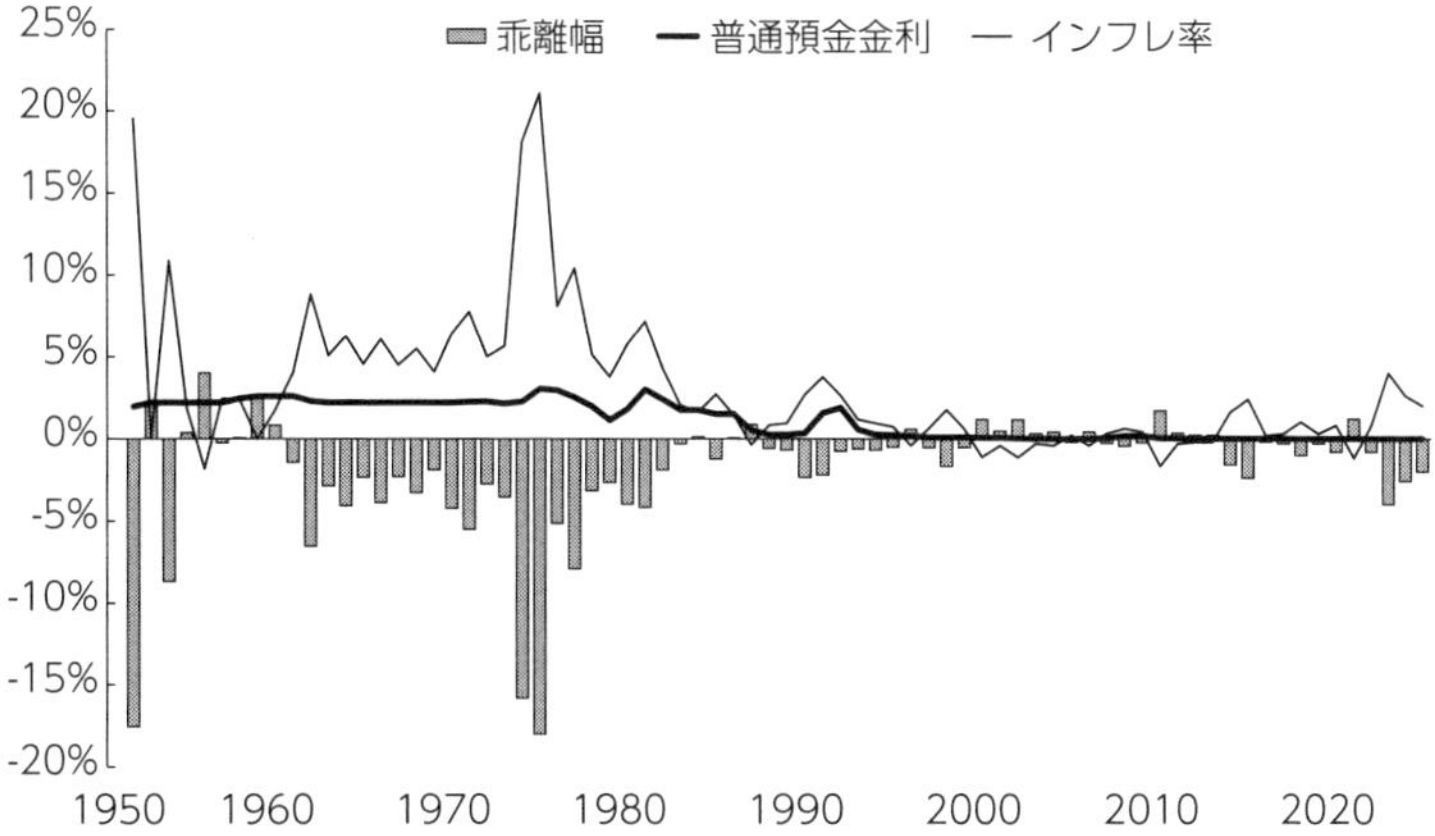

（出所）財務省『財政金融統計月報』、日本銀行、総務省のデータを基に作成（1951年～2024年３月、年次）。

金融商品であることが理解されよう。一方、2000年代のように、物価が下落するマイナスのインフレ率の時期には、普通預金金利はわずかながらもプラスであったため、「インフレ率＜普通預金金利」となった。家のタンスに現金を置きっぱなしにしていたタンス預金の金利は、0%であるため、それよりは幾分よかったことを意味している。

◆普通預金と定期預金との違い

いずれにしても、わが国では、インフレ率よりも普通預金金利が低い時期が長かったため、貯蓄に勤しむ人々は、より高い利回りが得られる定期預金などに資金をシフトさせざるをえなかった。インフレに勝てない普通預金よりも、一定期間解約できないものの金利水準が高い定期預金が魅力的に見えたからだ。

それでは、定期預金金利はどのような推移をたどったのだろうか。**図表0-2**は、金融機関同士が資金を融通し合うコールレートも含めた運用成果を示したものである。日銀の金融政策は、前に記したように、この無担保コール（オーバーナイト物）の金利を政策金利として、誘導目標を決定している。また、投資信託の運用でも、株式や国債といった有価証券に投資されていない余資の運用先としてコールを活用している。そのため、多くの人々にとってはなじみの薄い金利であるものの、金融市場参加者にとっては、最も重要な金利の1つである。

図表0-2は、1950年12月を基準（＝100）として、2024年3月まで資金を置き続け

た場合の運用成果の推移を示している。普通預金に資金を置いておけば、74年弱の期間で2倍強になったことを示しているが、消費者物価は9倍程度になっているため、普通預金は目減りしているのが再度確認できる。これは、普通預金の購買力は、４分の１以下に減価してしまったことを意味している。しかし、定期預金（1年程度）の場合には11倍を上回る成果になっているため、物価を上回り、目減りを防げていた。同じ貯蓄であっても、定期預金であれば、インフレに勝てたのである。確かに、１９７０年代半ばには、物価上昇ペースの加速から、消費者物価指数が逆転しているものの、超長期では物価を上回っている。一足飛びに、リスクの高い株式に資金を集中させなくても、高すぎるインフレ率の時期を除けば、定期預金で目減りを防げたという事実は重要である。同じ預金金利でも、その種類によって、長期間にわたる投資成果や評価が大きく異なるだけに、金利の歴史を学ぶ意義は大きいと言えるだろう。

◆預金金利と市場金利との違い

さらに付け加えたいのは、コールレートでの運用についてである。

図表０-２　預金金利と市場金利との相違

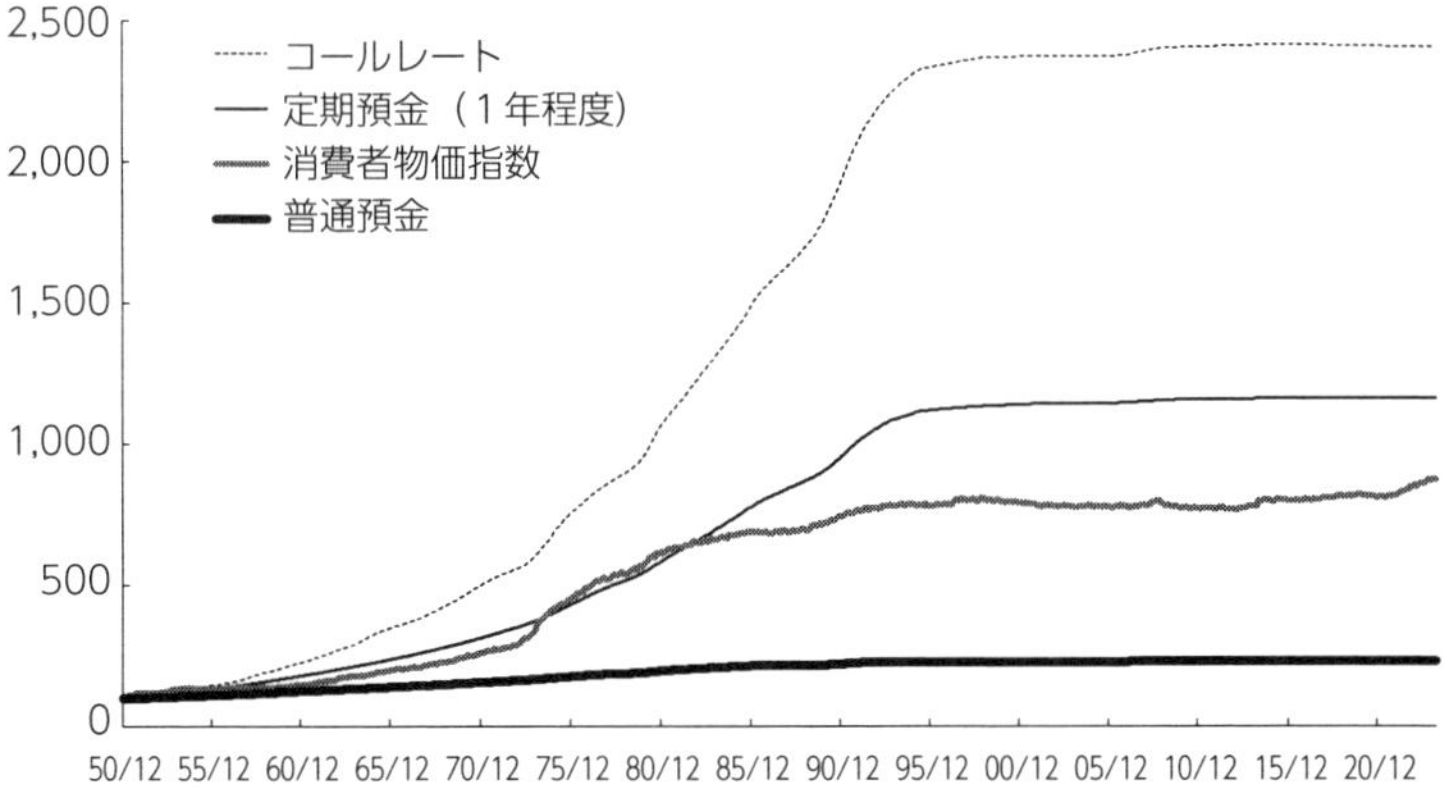

（出所）財務省『財政金融統計月報』、日本銀行、総務省のデータを基に作成（1950年12月～2024年３月、1950年12月=100）。

コールレートは、金融機関同士の資金貸借であるため、個人投資家が直接取引相手として名乗りを上げることはできない。だが、投資信託などを介して、コールレートに近い運用成果を享受することは可能である。もちろん、短期金融市場において、資金の需給に応じて金利が変動する市場金利での運用になるため、預金金利よりも変動率が高いというデメリットがある点には注意が必要である。しかし、株式投資で耐え忍ばなければいけないリスクと比較すれば、格段にそのリスクは低いと言える。

このコールレートによる運用では、通期で約24倍まで上昇しており、定期預金をも上回っていた。今後は、わが国も「金利のある世界」に戻ってきたため、投資信託に限らず、市場金利に連動する金融商品も注目されるはずである。従来の定期預金金利は、金融機関が自由に金利水準を決定できず、低く抑えられる傾向があったため、コールレートよりも劣位になっているという事情もあったが、今後は、リスクを見極めた上で、定期預金金利やコールレートを活用して、物価上昇を上回る運用成果を求める動きも加速する可能性がある。30年超にわたり凍り付いていた金利の時代は、転換期を迎えているだけに、漫然と普通預金金利に甘んじているのではなく、改めて金利の歴史を振り返りながら、現在の金利の位置づけを考えていく必要があると言えよう。以下では、30のテーマに絞り、金利の歴史を通して、現在の位置づけを考えていくことにする。

第1章
古代史から金利の本質をひもとく

1 古代の金利決定は合理的だった？メソポタミア期の大麦と銀

◆金利の起源

人類は、古（いにしえ）より物々交換するだけでなく、モノを一時的に融通し合ってもきた。顔の見える仲間同士で、貸し借りをするのは自然なことである。むしろ融通によって発生する「信用は、経済活動のごく初期の段階から存在しており、物々交換そのものが発展する前から存在していたと言っても過言ではない」[*1]とされ、「最も早く行われた取引は物々交換ではなく、信用取引だった」[*2]。人類が生きる上で、交換や貸借を通して過不足を工面していくのは、生活の智慧と言ってよい。

その上で、モノの交換を行う際には、仲介に便利とされる大麦（種籾）・牛といったモノ自体をカネとして使ってきた。いわゆる原始貨幣（primitive money）である。物々交換中心の時代では、カネといえば、すぐに頭に浮かぶ硬貨や紙幣ではなく、穀物や動物といったモノが

＊1　Einzing(1948), pp.372. 参照。

＊2　チャンセラー（2024）、29～30頁参照。

＊3　前者の場合は、貨幣の起源についての商品貨幣説に、後者は信用貨幣説に相当するとされている。

＊4　Homer & Sylla (2005), pp.18.参照。同書では、道具の貸し借りの場合には、その道具をそのまま返済すればよく、困窮している友人などに生活必需品を渡す場合は、贈与に相当すると考えられるとしている。

原始貨幣として通用していたのである。カネは、モノの交換をより円滑にするための媒介物と捉えるならば、地域内で多くの人々が認め合うモノがカネとして使用されたというのは理解しやすい。一方、地域内で余剰物の貸借をする際には、借り手の信用に基づく取引と捉えることも可能だろう。*3 貸し手にしてみれば、モノが返済されるまで、借り手を信頼してモノを貸しているからである。もちろん、いろいろな種類のモノを貸借する場合もあれば、穀物や動物といった原始貨幣を貸し借りする場合もあったはずである。これらの貸借は、「生産目的の貸し付けであり、穀物の種子の場合には収穫をもたらし、都合よく利子付きで返済できた。動物の場合には、その生まれてくる子供も含めて返却できた」*4と、S・ホーマーとR・シラーは指摘している。彼らは、これが現代で言うところの金利の起源になった可能性を推測している。農民たちが穀物などの原始貨幣を融資される場合（フブッルム・ローン）、その金利水準は、33～40％程度であったとハンムラビ法典には記載されている。一方、都市部では、穀物といった原始貨幣ではなく、より流動性の高い銀が貨幣として流通するようになる。この銀を借り受ける金利水準は、原始貨幣の半分程度の20％であった（**図表1-1**）*5。

この金利差の理由は、単純に銀のほうが貨幣として受け入れられやすかっただけではなく、原始貨幣が流通した地域とその仕組みにも求めうる。メソポタミア期の原始貨幣は、主に郊外の農村部を中心に活用されており、その必要とされる信用形態も都市部とは異なっていたのである。つまり農村部における借入需要は、耕作に必要とされる種子を収穫まで借り入れるという短期現物融通であり、その仕組みのリスクの高さを理由に高金利が課されざるを得なかった。

*5　中田一郎訳（1999）、27頁による、§t部分「もし商人が大麦（?）をフブッルム・ローンとして与えたなら、彼は1クル（約300リットル）につき大麦1パーン4スート（約100リットル：33％）を利息としてとることができる。もし銀をフブッルム・ローンとして与えたなら、銀1シキル（180粒、約8・33グラム）につき（銀）6分の1シキルと6粒（36粒、約1・94グラム：20％）の利息をとることができる」。もしくは、Homer & Sylla(2005)、pp.25～31参照。

仮に不作であった場合には、金利を放棄（あるいは元本放棄）するという慣例があり、豊作・不作の不確実性の高さがリスクプレミアムとなって、金利水準を引き上げていたわけである。[*6] 都市部での銀の融資とは異なり、天候状況によって債務不履行が許容されたため、特に穀物の融通のリスクが高かったと言えよう。つまり高リスクの融資に対しては、高い期待リターンとして高金利が要求されるという関係が成立していたのである。この事例が示唆するように古代を生きる人々と、現代を生きるわれわれの間に、合理的な思考法に大きな違いはなかったのだろう。現代のファイナンス理論が掲げる合理的関係性、つまり低リスクであれば低リターンを受け入れざるを得ず、高リスクであれば高リターンが期待されるという原則が、古代にも適応されていたと考えられなくもない。

◆ギリシャ・ローマ時代の貸付

さらに時が経過したギリシャやローマ時代でも利子付きでの貸付は行われていた。[*7] ギリシャ期（紀元前6世紀頃）には、貨幣の使用を中心とする貨幣経済化がさらに進む。その進展と歩みを同じくして、金利水準は、おおむね低下基調で推移。紀元前6世紀の無担保融資の金利水準

図表1－1　古代金利の推移

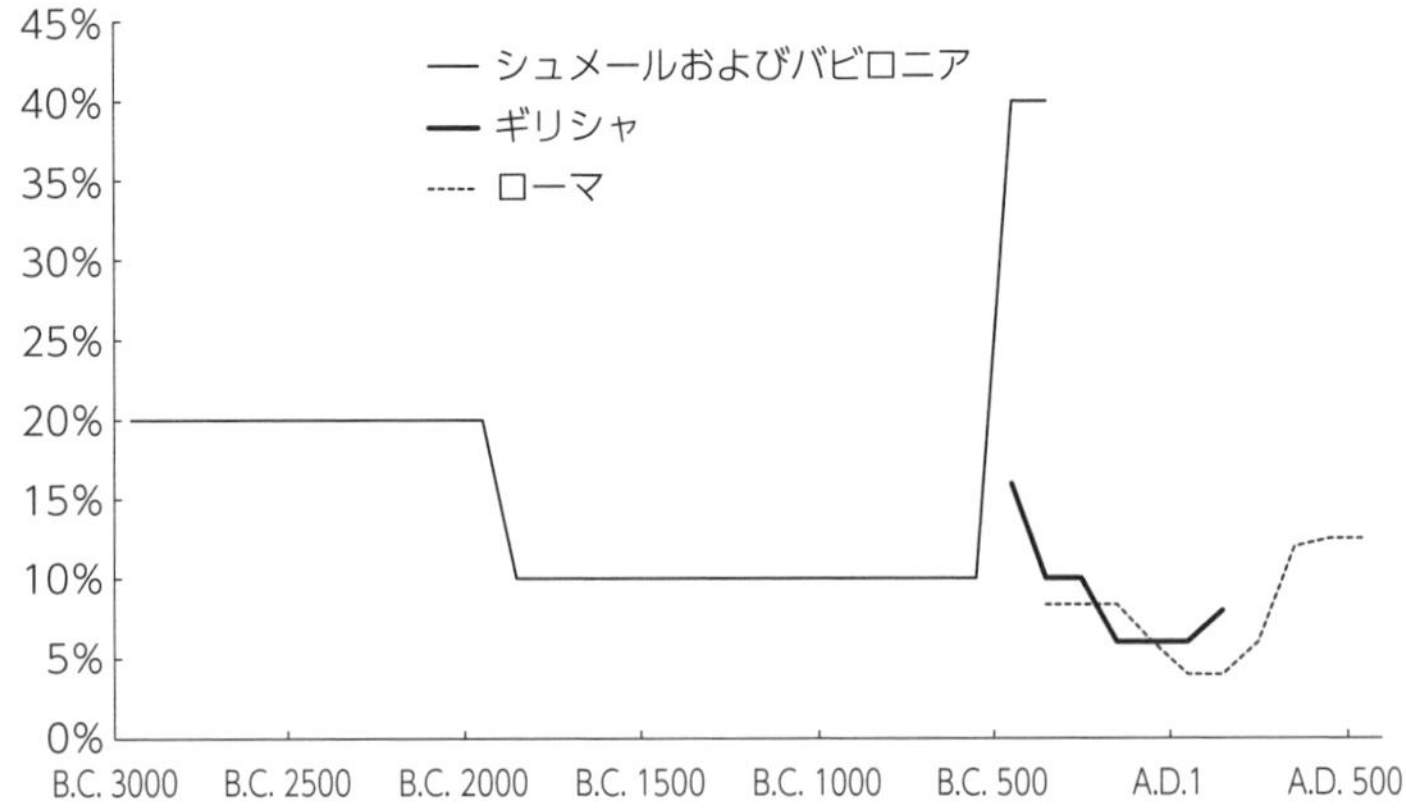

（出所）Homer & Sylla（2005）, pp.61.のデータ（銀金利もしくは最低金利）を基に著者作成。

が16～18％であったのに対して、紀元1世紀には8％～9％程度まで趨勢的に低下したのである。当時の融資は、無担保短期融資、不動産担保融資、公的部門への融資、商人間融資、高利貸しという具合に用途に応じて多様な種類が認められる。当然ながら、担保がある場合はリスクが抑制されるため、不動産担保融資金利は、無担保短期融資金利よりも低かった。

このような利子付きの融資に対して、禁止を求める声も大きかった点には注意が必要であろう。アリストテレスは、貨幣が貨幣を生む利子は、「自然に反している」と批判し、その中でも高利貸しについて「憎んでも最も当然」としている[*8]。しかし、経済学者のJ．R．ヒックスが、「貨幣の不毛性についてのアリストテレスのあの有名な意見にもかかわらず、ギリシャ人とローマ人は利子をとることに良心の咎を感じなかった」[*9]と記しているように、欧州社会で利子の徴収禁止が徹底されるには、キリスト教社会の支配を待たなければならなかった。また、利子に対する嫌悪感は、旧約聖書でも説かれており、キリスト教社会で徹底される以前から、古代イスラエルでも厳然と存在していたのである。しかし、この考え方が広汎に徹底されるまでには、旧約聖書を淵源とするキリスト教やイスラム教が社会に深く根を下ろすまでの時間を要したのである。

＊6　中田一郎訳（1999）、20頁による、§48部分「もし人がフブッルム・ローンを負っていて、アダト（嵐）が彼の耕地を水浸しにしたか、洪水が耕地（の作物）を流してしまったか、あるいは水不足で大麦が耕地に実らなかったなら、彼は、その年は、彼の債権者に大麦を返済しなくてよく、彼の文書（債務証書）を（一部変更のため）水で湿すことができる。彼はまたその年の利息を与えなくてよい」。

＊7　マックス・ウェーバー『古代社会経済史』では、メソポタミア期の貸付について、「利子は、穀物貸付にあっては債務額の三分の一であるのに反し、貨幣貸付にあってはしばしば五分の一ときわめて低額である」との記述がある。

＊8　アリストテレス／山本光雄訳（1961）、29頁。

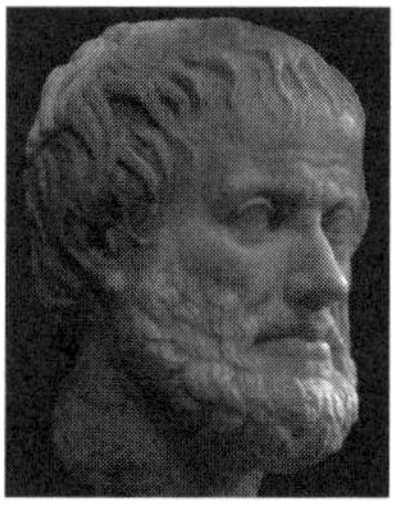
アリストテレス（BC384～BC322）

＊9　ヒックス／新保博・渡辺文夫訳（1995）、123頁。

J．R．ヒックス（1904～1989）

2 ローマ時代に金融緩和も引き締めもあった？ アウグストゥスのローマ期

◆ポエニ戦争も乗り越えた共和制ローマの金利

共和制下のローマ時代の金利上昇は、政治的混乱と戦争から発生するケースが多かった。「動乱の時代には社会が安全でなく人は信用できないという感覚が行き渡るから、利子率は上昇」[*10]したと考えてよいだろう。紀元前5世紀～紀元前4世紀にかけての政治的混乱期の金利水準は、信用状態の悪化も手伝い上昇したのである。

ポエニ戦争期の金利水準は8％前後であり、戦時のローマ政府は、強制公債を募集し資金調達したが、債務については、新たに価値が減じた貨幣により返済してよいという法律が施行されて、返済されることになる。具体的には、第1次ポエニ戦争後には、ローマ政府は、含有銅量を6分の1に切り下げた鋳貨アスで戦時債務の支払を実施した。含有量が減少するということは、その減少率分だけ減価された貨幣で返済されるため、資金を提供していた人々にとって

アス Anonymous. Circa 289-245 BC. Æ Aes Grave Sextans (54.90 g) Rome mint.

はたまったものではない。合理的に考えれば、大暴動が発生してもおかしくない事件と言ってよいだろう。

しかし、想像とは反して、この政策は「大変評判のいい法律であった」[*11]とスミスは記している。貨幣の切り下げは、公債を保有する者にとっては、その債券の償還により獲得する貨幣が6分の1の価値に減価しているため、経済的な大損失を被ることになるが、債務が多かった貧者にとっては大歓迎だったからである。富裕層から借金をしている債務者にとってみれば、減価した貨幣で返済すればよくなるのであるから、債務の軽減を意味したのである。一種の徳政令となって、借金の実質的な棒引きになる。

富裕層にとっては、大きな経済的打撃となったが、それを受け入れるだけの理由もあった。毎年の選挙の際には、このような一種の徳政令に相当する法律をつくって、債務者から恩義を得るならば、票の囲い込みが期待されたからである。さらに、富裕層が元老院等で運営する政府を、借金の重荷から解放できれば、財政上の活力が蘇るはず。公債を保有し、民間債権をもつ富裕層も、このようなメリットに着目して、貨幣価値切り下げによる損失を享受したのであった。

続いて第2次ポエニ戦争の時には、貨幣価値がさらに4分の1まで再び切り下げられたが、ローマは平然と鋳貨切り下げを乗り越え、戦争という最大の難局を乗り越えたのであった。結果として、紀元前3世紀から紀元前2世紀にかけての金利水準は、金利上昇による経済的混乱を回避しえたのである。

＊10　詳しくは、バーンスタイン（２００６）、56頁参照。

＊11　詳しくは、スミス／大河内一男監訳（１９７８）、４１２頁参照。

◆帝政ローマの金利と政治的衰退

その後、帝政化されたローマ帝国時代の紀元1世紀には、金利水準は4～6％という低水準で推移したものの、その変動幅は大きくなった。一時的な信用危機に直面した際には、12％を上回る水準にまで上昇したのである。さらに2世紀の金利水準は6％程度、3世紀～5世紀には12％を超過するまで上昇するが、帝国の政治的衰退が顕著になってきていたことが影響した可能性もある。特に、紀元410年のアラリック1世率いる西ゴート族によるローマの破壊（ローマ略奪）は、それまで営々と築きあげられた帝国の存続に対する信頼感を後退させた。ローマの破壊は、そのままローマ人のプライドとアイデンティティの崩壊を意味したとも言えよう。

それまでもローマ帝国の衰退は、明らかであったものの、象徴的な出来事がトリガーとなって、一気に帝国そのものの存続が危ぶまれるようになり、その混乱が資金調達を困難に陥れたのである。その分、金利水準は上昇せざるを得ない。客観的なデータの羅列よりも、人々の心理面を変えるような象徴的事件のほうが、歴史を変えるきっかけになるのかもしれない。ポエニ戦争期には、ハンニバルにイタリア半島を蹂躙されるという象徴的な事件が発生しても崩壊のトリガーとはならなかった。というのも、客観的に見て、ローマそのものの国力が衰退していたわけではなく、統治のバランスが取れた凝集性のある都市国家であったからである。むしろ、共和制ローマを中心としたローマ連合の結束は固く、同盟国としても、ローマの持続可能

カルタゴの最高司令官
ハンニバル・バルカ（BC247～BC183／182）

性を疑うことはなかった。

それに対して、明らかに、紀元５世紀頃のローマ帝国は、拡張し過ぎていただけではなく、人々や他の地域からの帝国の信用は低下していた。その後、帝国自体は存続するものの、事実上の分裂期を通して崩壊の道を辿ったわけだが、それと歩調を揃えて金利水準は上昇したのである。政治的混乱や不安定性が国家としての持続可能性を蝕むときに、金利水準は上昇する傾向にあったという点を再確認しておきたい。現代にあっても、政治的安定性が揺らぐ時期には、資金を容易に調達しにくくなり、金利はそのリスクプレミアムを織り込んで上昇基調になることから、ローマ時代も現代も同じ関係が確認されるのである。

3 お金に困った時の駆け込み寺は質屋？金利をめぐる三重構造

◆なぜ高利貸し（ウズラ）が生まれるのか

古代から継続し、中世においても、商人同士の信用取引（たとえば売掛・買掛取引）は、低利で行われていたが、一般社会における融資等は、「徴利は罪悪」という思想の下で存在が否定された。このような状況で、利子付きの資金貸借でトラブルが発生した場合に、契約自体が違法であるため、現在のように裁判所で解決させることは難しかった。そのため資金を貸し出す側は、大きなリスクを負うため、融資金利は、そのリスクに見合ったリターンが要求された。当然の結果として、無担保の民間融通金利は、商人間金利よりも、破格に高くならざるを得なかったのである。これが、いわゆる「高利貸し（ウズラ：Usury）」の立ち位置であった。すなわち、①利子が存在しない一般共同体社会、②利子が存在する商人社会、③一般共同体内に非公式に存在する高利貸し、といった三種の利子が並存したのである。これは、利子をめぐる

高利貸し（ウズラ：Usury）
Of Usury, from Brant's Stultifera Navis (Ship of Fools), 1494; woodcut attributed to Albrecht Dürer

三重構造と言ってもよいだろう。

しかし、これでは、非常に窮屈な社会になってしまう。共同体内で生活する普通の人々は、病気や収入の減少から生活費を捻出できなくなると、仲間内での無利子での資金融通を試みるが、ある程度の額になると限界が見え始める。無利子で貸してくれる仲間が枯渇すれば、そのまま非公式の高利貸しからの融通に頼らざるを得なくなるわけである。つまり、ゼロ金利か、破格の高金利の選択肢しかない。そこで、無利子融資と高利貸しの中間の仕組みが発展する。実質的な有担保融資である、「質屋」という形態をとり、いわゆる金貸業禁止の網の目をかいくぐったのである（第５節参照）。

このような利子をめぐる三重構造、もしくは「質」も含めれば四重構造から分かるように、徴利禁止は、それをかいくぐる仕組みが非公式に存在したため、形式的なものでしかなかった。どのような環境にあっても利子は、形を変えて存在し続けてきたのである。その利子を積極的に求めようとする姿勢と、否定的に捉えようとする態度は、拮抗しながら、金融史の諸相を形作っていく。利子をポジティブに捉え、貨幣の増大を追求していく貪欲さは「ミダス王」に譬えられることもあれば、その反動としての利子否定をも誘発してきたのである。中世が、利子否定に舵が切られていた時代とするならば、20世紀から21世紀初頭にかけてのグローバル資本主義は、金利をポジティブに評価し貨幣増大を追及していく時代と位置づけられよう。

ところで、貨幣を価値の貯蔵手段として考える場合と、単なる交換手段としか考えない場合とでは、利子に対する考え方が大きく異なってくる。価値の貯蔵手段としての貨幣にとっては、

ミダス王
ギリシア神話にて、巨万の富をもつが、なお貪欲に黄金を求める王とされてきた。『王様の耳はロバの耳』で、耳がロバになってしまった王様としても有名。

利子は当然のように付与されるものと考えられてきたが、交換手段としての貨幣には、プラスの利子を設ける必要は必ずしもない。単なるモノ（サービスも含む）との交換手段として貨幣を使用しているからである。貨幣の機能に読み替えるならば、「利子否定＝貨幣の交換機能重視期」と、「利子肯定＝貨幣の価値貯蔵機能重視期」という具合に対比できるかもしれない。

中世の欧州やイスラム社会は、この利子否定の動きが極限的に表面化しただけの話であって、利子が公式に禁止されるか否かはともかく、いつの時代にあっても利子に対する嫌悪と好感が綱引きを演じているのかもしれない。これは、利子に対する評価は、プラスの評価とマイナスの評価が存在するものの、どちらかの優勢が常に維持されるわけではなく、時代や状況に応じて優劣関係が変化することを意味するだろう。

◆利子を徴収する場合、しない場合の差は何か

利子を認める考え方と利子否認の違いは、金利の歴史を考える上で大きな争点になってきた。利子ゼロは、前記したように「利子を徴収してはいけない」という考え方に則り、先述のように徴利禁止とも呼ばれてきた。現代にあっても、しばしばイスラム金融では、直接的な利子の徴収が禁止されているため、資金貸借の仕組みに工夫がみられるという話をしばしば耳にすることがあるのではないか。

現代のグローバル金融システムに染まっているわれわれは、利子はあって当たり前であり、

資金貸借の際に利子がつくのが当然だと考えるだろう。そう考える現代人の日常生活を見直してみると、意外と親密な友人間や親戚間の資金貸借では、利子を取らないことが多い。信頼できる仲間内では、現代にあっても利子を徴収するケースは限られるどころか、利子を取ろうとすれば人間関係に傷がつく可能性も懸念される。金融機関からの借入やビジネスの世界での利子の徴収は常識だが、仲間内では利子を取らないのが普通なのである。そのように考えると、中世の教会を中心とする共同体社会やイスラム社会で利子の徴収が禁じられたのにも合点がいくはず。同じ考え方を持った信頼する者同士の共同体の中で、利子を取らないというのは、現在も昔も変わらないと言えよう。

そのような中世欧州社会でも、一般に利子の徴収が禁止されていたにもかかわらず、前記したように商人間での資金融通には、利子が課されていた。限られた共同体の内部で取引するのではなく、遠隔地の異なる共同体間で商品をやり取りする商人たちは、いわば仲間内の資金融通の範囲を超えていたからと考えると理解しやすいのではないか。たとえば西アジアの商品を欧州で販売するキリスト教圏の商人は、イスラム圏の人々から商品を購入することになる。また、同じキリスト教圏内の商人であっても、金や銀といった貨幣を媒介に様々な価値観を持った商人と資金の授受をすることになるはず。それだけに、資金の授受は仲間内だけに限られるものではなく、それなりにリスクを伴うと考えるのは無理もない。取引相手は、常に分かり合える旧知の仲間たちであるとは限らないため、リスクの見返りとして、金利を付与するのである。売掛けで販売していたものの、代金を受け取る前に持ち逃げされるケースもあるだろう。

これが同じムラ社会の中であったら、持ち逃げした相手は、そのムラからは信用のおけない者として排斥されることになる。これは社会生活を営めなくなることを意味するため、その恐怖から、借金を返さないという行動が抑制されるわけである。[*12] この牽制機能も手伝い、顔見知りのムラ社会内では、金利が付与されるケースが少なかったと言えよう。

*12 当然ながら商人間でも取引仲間同士の組合が存在するため、資金融通契約が履行されなければその組合に踏みとどまることは難しくなる。しかし、一般社会における共同体と商人間の組合では、生きることに対する重要度は格段に前者のほうが高かったはずである。後述するが、同様な観点からは、王室（政府）は、商人間の組合と比較した場合に格段に資金融通契約を反故にする確率が高かった。そのため、商人間金利よりも対政府資金融通の金利のほうが高かったのである。

4 なぜ金利は禁じられたのか？旧約聖書を淵源とする宗教の徴利禁止

◆中世キリスト教会が嫌った金利

現代社会や、中世の欧州であっても商人間の資金融通の場では、利子の存在が当たり前のように捉えられていたが、信頼のおける仲間内・共同体内では、利子の存在感は薄まる。その意味では、中世の欧州では、ムラ社会などの共同体の位置付けが人々の生活に占める割合が大きかったため、利子はなじみの薄いものでしかなかった。ところが、欧州でも中世以前の古代の金利を考えてみると、共同体内でも穀物など原始貨幣での利子が存在しており、必ずしも利子徴収の慣習がなかったというわけではない。

この古代と中世の違いは、中世に教会を中心とした共同体が形成されると、強大な権力を持った教会が、商業を取り締まり、金貸業を禁止することで、より一層の経済的な優越性を確保することに腐心したからだと考えられる。フランスの歴史学者Ｊ・ル・ゴッフの記す「中世の高利貸」[*13]には、高利貸しに対する当時の考え方が鮮明に描かれている。同書では、12世紀半ばから13世紀半ばにかけて高金利に対する非難の気運が勢いを盛り返すのは、高利貸しが幅を利かせるようになったため、社会に大混乱が生じることを教会が恐れたからと指摘している。たとえば、第3回ラテラノ公会議（1179年）は、高利貸しになろうとする人が多すぎることを非難していた。また、13世紀には教皇インノケンティウス4世と大教会法学者ホスティエンシスは、農民自ら高利貸しになる、あるいは高利収益に魅せられた土地所有者自身の手で農民が家畜や農具を奪われるなど、農村から人口が離散するのを危惧している。これは、高利の誘惑によって土地農耕に関わる職業が衰微する懸念が高まり、農耕社会の衰退が飢餓の拡散の脅威を高めたからである。社会の利益追及の姿勢が過剰に高まり、社会体制を揺るがすほどの水準までに至ったため、その反動として社会を統治している側、すなわちキリスト教会から、利益追求や利子に対する嫌悪が高まったと言えよう。利子に対する嫌悪が強まったのは、その反対の動きである利子を求める動きが拡大したからであったと言えよう。

また、フィレンツェ出身のダンテは、14世紀に執筆した「神曲」の地獄篇で、高利貸しについて痛烈な表現で批判しており、高利貸しは死後の地獄の苦しみを味わうとして次のように辛辣に表現している。[*14]

苦痛は目から涙となってあふれ、両手はせわしくあちらこちらを　あるいは火の粉をはたき、あるいは焦土を引っ掻いている。ちょうど犬が夏蚤や蜂や虻に刺されて、鼻面や脚で身をかく様に

*13　ル・ゴッフ（1989）、23～24頁参照。

教皇インノケンティウス４世（１１９５～１２５４）

ダンテ・アリギエーリ（１２６５～１３２１）

そっくりだ。降り注ぐ苦患の焔に火傷した人々の顔を、幾人か覗きこんでみたが　誰も見覚えはなかった。だが気がついてみると誰も彼も首から財嚢をぶらさげている、それにはとりどりの色や印がついているが、皆その財嚢ばかりを見つめている様子だ。

＊14　ダンテ（１９９２）61頁参照。

これほどまでに、忌避されていたのが高利貸しであり、キリスト教社会における利子付き貸し出しの地位であった［Column❶］。

◆ユダヤ教もイスラム教も利子を禁止した

キリスト教に限らず、旧約聖書（ヘブライ語聖書）を正典とするユダヤ教も、同じく啓典とするイスラム教も、利子付きの貸し出しを禁止している。旧約聖書には、「もし、あなたがわたしの民、あなたと共にいる貧しい者に金を貸す場合は、彼に対して高利貸しのようになってはならない。彼から利子を取ってはならない[*15]（出エジプト記　22章24節）」という記述があるからである。利子付きの貸し出しを禁止している旧約聖書を淵源とする宗教は、徴利禁止を謳うのである。

ただし、これは貧者と同胞に対してという制約条件が課されているため、裏を返すとユダヤ人がキリスト教徒に利子付き貸し出しをすることは可能ということになる。旧約聖書には、「同胞には利子を付けて貸してはならない。銀の利子も、食物の利子も、その他利子が付くい

＊15　（財）日本聖書協会のウェッブサイト（http://www.bible.or.jp/main.html）の聖書本文検索（新共同訳）による。

かなるものの利子も付けてはならない（新共同訳・申命記　23章21節）」、もしくは「外国人には利子を付けて貸してもよいが、同胞には利子を付けて貸してはならない。それは、あなたが入って得る土地で、あなたの神、主があなたの手の働きすべてに祝福を与えられるためである（同・申命記　23章21節）」という記述にある通りである。そこで、止むに止まれずに資金を必要とするキリスト教徒に対しては、高利で資金を提供する役割を担ったのが、同胞とされないユダヤ教徒であったとの見方もある。

Column ❶

「貪欲」と「嘘」の代名詞としての商人

大黒（2006）によれば、イタリアをはじめとするキリスト教社会にあっては、11世紀ころまでは、商取引そのものが、「貪欲」と「嘘」の代名詞として、悪いイメージをもって大衆に捉えられていたとのこと。

しかし、このイメージは、12世紀以降、商取引の「嘘」の範囲が限定されていくことにより、大衆の意識も変化することになる。

興味深いことに、13世紀後半に貪欲か否かの区別を進め、商取引の可能性を開いていったのが、清貧を理想とした厳格なフランチェスコ会の思想家オリーヴィ（Pierre de Jean Olivi）であったという。「貨幣に代表される富、都市と商業が生み出す利益の一切を拒否する集団として現れ（同書80頁）」、「清貧こそキリストに近づく最短の道と自覚していたからだけでなく、貨幣と富が人の心を内面から蝕み堕落させるものであることを鋭く意識する（同書80頁）」フランチェスコ会士が、その対極にある商取引を擁護するようになるわけである。これは、皮肉にも似たパラドクスと言えよう。

フランチェスコ会では、モノを所有することを否定し、生存に必要最小限の「使用」のみを認めていた。しかし、それが贅沢に使用されることも含むようになってくると、その使用のあり方を内省的に問う動きが台頭してくる。

その代表としてオリーヴィは、使用とは、「貧しき使用」でなければいけないとするとともに、「貧しき使用」と「奢侈」との境目を定義するために、モノの価値を見極める経済的思索を進めていくことになるのであった。その際に展開されたのが、「モノは必要の範囲内で使用されて始めて価値ある存在となる」という考え方である。つまり、必要の範囲を超えない使用は許容されるが、必要ではない使用、もしくは単なる所有による蓄積を認めないという立場を明確にしたと言えよう。商人にあっては、必要なモノを使用するための売買行為は認められ、使用することを意図しない財産の蓄積は、貪欲として排斥されるべき対象となるわけである。

また、このモノという箇所を貨幣に置き換えても同様の議論ができ、商人とは、能力を発揮してモノと貨幣を巧みに使用するプロであると看做すことによって、必要の範囲内での使用を前提とする商取引に限っては許容され始めるのであった。カネの蓄積も、使う用途が決まっている資産運用は認められることになるため、ゴールベース・アプローチの資産運用は、許容されうるかもしれない。

5 どのようにして金利が受け入れられたのか？　公益質屋による貧者救済

◆イスラム社会における商売（利潤）と利子の違い

イスラム社会にあっては、利子の徴収は忌避されたが、商売は許容範囲内であった。商人による売買は、同じものを安く買って高く売るという利殖的な行為であるものの、商人が結びつける価値観の異なる人々を橋渡しするというプラスの効果が期待できるからである。異なる地域間では、モノやサービスに対する需給も違い、捉え方も千差万別であるため、価格についても一致するとは限らない。この違いを活用する商いは、異なる地域を行き来しない人々にとっては、商人が介在することで、より安く買え、より高く売れる機会を得ることが可能になる。この価格差を活用した商いは、その差が大きければ大きいほど、活発に売買が行われるであろう。この過程で、安い価格は上昇し、高い価格は低下するため、価格が収斂するという結果も伴う。経済にとっては、より効率的な価格形成が進むため、世の中の無駄をなくしていく方向に貢献すると言ってもよいだろう。いわば異地点間の裁定取引を商人が取りもつことによって、社会全体の効率性が高まるため、貪欲だと言って批判すべき対象ではなかったのである。

しかし、聖クルアーン（日本ではコーランと呼ばれる）では、「アッラーは、商売を許し、利息（高利）を禁じておられる」として、商売と高利を峻別している。[*16]

イスラム社会では、商業による「利潤」は労働とされ認められるが、金貸しによる「利子（リバー）」は、自ら努力せず、かつ危険を負わずして財産を増殖させる「不労所得」として禁じられたのである。中には、年利100％での高利貸しを営むムスリム商人もいたとのことだが、[*17]このような高利貸しを阻止し、一般大衆の生活基盤を破壊することを回避し、社会を安定させることが徴利禁止の目的であったとも言えよう。

◆キリスト教社会における徴利禁止の再解釈

このような徴利禁止は、15世紀に至ると、キリスト教社会で大きな変化が生まれてくる。高利貸しが社会体制を揺るがすほどの治安の悪化や混乱の原因になる時代には、利子に対する忌避姿勢・嫌悪も高まったが、時代を経るに従い、地域によっては、社会を支える人々が商工業者中心になると状況に変化がみられるようになった。富の蓄積が徐々に進むにつれ、高利貸しから一般大衆を守ることよりも、商習慣としての高過ぎない利子、つまり適度な水準の利子ならば認められ始めたのである。秩序を維持しようとする統治者は、高利貸しにより、庶民の生

＊16　『聖クルアーン』、2章275節参照。

＊17　木村康彦・木村靖二・吉田寅編（1995）、145頁参照。

活破綻が拡大する時代には、高利貸しを排斥したが、その必要が薄まったと言ってよいだろう。
　イタリアで設立された公益質屋モンテ・ディ・ピエタ（Monte di Pietà, 以下モンテス・ピエタティスMontes Pietatisと呼ぶ）[*18]は、その一里塚と言えよう。モンテス・ピエタティスは、貧者救済のために、貧者から動産抵当をとって資金を貸し出す公益質屋であり、「キリスト教徒をユダヤの高利貸しの犠牲者にしないため、質屋を作るという考え」[*19]を背景に設立されたとされる。モンテス・ピエタティスは、1462年にペルージャ（Perugia）で最初に設立され、約1世紀かけて200余りつくられた。[*20]
　当時のフランチェスコ会の説教師たちは、従来の徴利禁止という社会の常識を変え、金利が受容されるように努めていくのであった（Column❶参照）。これら説教師たちは、徴収される利子を、動産抵当貸付から直接的に生じる利益（利潤追求目的）ではなく、貸付によって間接的に生じる質屋職員の労働や配慮への代償（運営経費充当）であるとして、新約聖書などで示される徴利禁止を解釈し直した。具体的には、貸付から生じる直接的な利益を禁じているのであって、「（貸付）によって生じる返済時の＋α取得を禁じてはいない」と解釈したのである。[*21]つまり、モンテス・ピエタティスによる利子支払は雇用契約によるものであって貸付契約により生じるものではなく、「貸付」と「＋α」の取得を直接的に結びつけないものとして位置付けた。あくまでもモンテス・ピエタティスは、高利のユダヤ人による貸付から貧者を守ることを目的とした機関であり、「利子が付く限りは罪深い」という教義と矛盾したが、高利を貪る民間の有利子信用よりも無利子に近づくことができるという点では、貧困層の利益になる」と

ブレシアの旧モンテ・ディ・ピエタ

＊18　巨額の国家債務のことをモンテ（Monte）と呼び、「資金の山」を意味するため、集められた資金ということになる。この資金の性格が、貧者救済のための醵出金というピエタ（敬虔な行為）により集められると、モンテス・ピエタティスとなる。

＊19　H・ブラウン（1983）、51頁参照。

考えたのである。[22] 確かにモンテス・ピエタティスは、おおむね6%という非常に低い金利水準であったため、ユダヤ人がキリスト教徒に貸し付ける金利である高利に比べれば破格に低い金利水準であった。[23] キリスト教会は、モンテス・ピエタティスの拡散により、ユダヤ人中心の高利貸しに支配された社会を、より低い金利水準の社会へと変えようとしたわけである。

さらに、貧者救済という役割[24]とともに、「貧者が金を貸してくれといってきたとき……、お前に貸す金がありながら貸さなかったら、お前は大罪を犯したことになる。しかしモンテがあれば罪を免れる」[25]という、よきキリスト者の義務を強調した点も、利子容認の社会的な風潮変化を推し進めることになった。

しかも、公益質屋を利用すれば、一人の富者がより多くの貧者を救済することができるという複数性の長所を強調することで、貧者救済のみならず富者の魂救済をも叫んだわけである。その甲斐あって、1515年には、第5ラテラノ公会議（Inter multiplices）によって、モンテス・ピエタティスは、教会当局の承認を得ることになった。[26] この公益質屋の拡散は、一般大衆を、高利貸しから守ることと、経済活動としての適度な利子の容認は、矛盾するものではなく、法外な高金利と、健全な金利の峻別をすればよいという考え方が浸透していくのであった。

◆結局、人類の歴史は借金の歴史だった

いつの時代にあっても、人間のいるところ、持つ者と持たざる者の間に貸借関係が生じる。

*20　大黒（2006）、166頁参照。

*21　大黒（2006）、184頁参照。

*22　青野（2003）、69頁参照。

*23　13世紀まで消費貸借で稼ぐ金貸しの大部分はキリスト教徒であり、13世紀以降急速に消費貸借（高利貸し）はユダヤ人の専売特許のような存在に変化したとの見解もある。

*24　モンテス・ピエタティスは、貧者救済という目的から、小口貸与、遊興目的の貸与禁止、質貸しという性格を有していた。

*25　大黒（2006）、178頁参照。

それが、大麦であれ、銀であれ、人類の歴史は借金の歴史といってよいのかもしれない。「貨幣貸付の起源は、貨幣それ自体の起源と同じく、有史以前に遡る」[*27]とあるように、金融の淵源は、人間社会の始まりに近い時期にまで遡ることができる。一般に銀行業の始まりは、紀元前5世紀頃のアテナイとも言われ、両替商から発展し、「預金を集め、その資金を使って消費者金融や不動産抵当信用を提供していた」[*28]とのこと。その後は、商業社会の発展に合わせ、金融がともに歩みを進めていったのである。

商人と銀行家は、信用取引と両替取引という2つの取引が分かちがたく結びついていたことから考えても、同時並行的に発展していったわけである。商取引と密接に結びつきながら、影に沿うがごとくに発展してきたのが銀行の歴史であり、それだけに中世においては、欧州とアジア・アフリカ・中東を結びつける商人たちが活躍するイタリア諸都市群での銀行業の発展は目を見張るものがあった。中世のイタリアの銀行は、公益質屋としての銀行であるモンテス・ピエタティスに加え、ヴェネチアでは、帳簿上の転記だけで取引の決済が終わる振替銀行としてのバンコ・ディ・スクリッタ（Banco de Scritta）が、リアルト橋のたもとから発展した。

このバンコ・ディ・スクリッタは、机の上に単に金銀を山積みにした両替業ではなく、その代わりに帳簿を机の上に置いたところに革新性があったと言われている。帳簿の記載だけで債権債務に関する資金決済が行えるのであれば、金銀といった金属貨幣による決済による手間を削減できるからである。また、ヴェネチアにあっては、このバンコ・ディ・スクリッタに対する政府の監督も厳しく、人々の信頼を得た信用制度が、円滑に受け入れられていくのであった。

＊26　大黒（2006）、175頁参照。
＊27　モーガン（1989）、53頁参照。
＊28　青野（2003）、46頁参照。

第2章
ルネサンスにみる商人と宗教、そして金利

6 ヴェニスの商人にみる高利貸しが嫌われる理由

◆ヴェニスの商人にみるキリスト教社会とユダヤ教社会の融合

高利貸しと言えば、シェイクスピアの戯曲「ヴェニスの商人」が頭に浮かぶ。物語の流れは、ユダヤ人の高利貸しシャイロックからの借金を返済できないヴェネチアの商人アントニオが、友人バサーニオの婚約者ポーシャの機知によって救われるというもの。信用力のあるアントニオが、資金が必要な親友バサーニオの代わりに、高利貸しシャイロックから借金することから始まる。アントニオとバサーニオは、同じキリスト教徒であり親友だが、アントニオとシャイロックは、同じヴェネチアに居住するとはいえ異教徒であり、異なるコミュニティ（共同体）の住人という点で対照的である。同じコミュニティ、特に親友間での資金貸借は無利子であることが多かったのに対して、異なるコミュニティ間での資金貸借では、利子が課せられるという対照性が描かれている。

『ヴェニスの商人』劇中における高利貸しシャイロックと商人アントニオ

「ヴェニスの商人」は、経済学者岩井克人氏の『ヴェニスの商人の資本論』で経済学的な解釈が試みられている。この解釈は、貨幣を媒介にした利潤追求行動が社会に受け入れられ、やがてコミュニティが異なる見知らぬ者同士での取引が一般化するという「資本主義の特性」が、戯曲の中に描かれているといもの。[*1] ２つの独立したコミュニティが貨幣を介して融合し、両共同体の違い（差異性）が薄れていく様を象徴しているのである。キリスト教社会とユダヤ教社会の両者間の資金融通という行動が、キリスト教社会に対しては、徴利禁止の伝統を解消に向かわせ、合理的で活発な資金貸借を促したのである。この合理性は、現在と将来の貨幣の価値は、金利の変化を通して変動するという現代ファイナンス理論の前提である。

一方、ユダヤ教社会に対しては、自らのコミュニティに留まることで自己完結した社会を目指すことの難しさが明らかになり、両コミュニティに立ちはだかった壁が崩れ、同質化していく。時代の流れとともに、関わり合いを避けて並列して存在していた異なるコミュニティが融合し、両者の差異が圧縮されていく過程が表現されていると言ってよいだろう。

*1　岩井（１９９２）文庫版、主に67頁参照。

◆ヴェネチア公債（プレスティティ）の歴史

ところで中世イタリアでは、諸都市群が公債を発行し始めたが、戯曲「ヴェニスの商人」の舞台になったヴェネチアでは、時代を遡ること12世紀（１１７１年）に、プレスティティ（貸付債券、Prestiti）が発行されており、13世紀末から15世紀末にかけての長期金利の代表としてその推移が確認できる。プレスティティは、裕福なヴェネチア市民が、保有財産に比例して義務付けられたヴェネチア政府への貸付であったが、その債権の移転が可能であったため、事実上の債券として捉えることが可能であろう。この観点からは、プレスティティは、返済期限が定められていない無期限債と言ってもよいが、[*2]ヴェネチアの財政状況の変化に応じて、部分的に償還されている。なお、このプレスティティは短期の臨時国債であったが、1262年にコンスタンチノープルがラテン帝国からビザンツ帝国の首都になり、ヴェネチアにとっての国際情勢が不安定化したため、「モンテ・ヴェッキオ（monte vecchio）」と呼ばれる永久基金に統合された。

王室よりは信用度が高かったヴェネチア政府

また、ヴェネチア政府の発行するプレスティティは、市場取引による換金性に優れ、災害や戦争時であっても金利（額面に対して利率年5％）支払が滞ることがなかったため、投資対象としての信用度が高かった。従来から信用度の低かった王室への融資とは、対照的である。王室の場合には、一方的に国王が負債を放棄する事件が頻発したことや、継続的に繰り広げられる戦乱により経常的に支出超過という構造が定着していたからと考えられる。また、富を蓄積するようになった大商人・銀行家達は、その優位性を背景に、戦費調達の緊急性に喘ぐ王室に対して、足元を見ながら貸出金利をつり上げていったことも考えられる。そのため、王室による資金調達金利は、イタリア諸都市群の公債や商人間信用の金利水準よりも破格に高い金

＊2　Homer & Sylla（2005）, pp.93、参照。

＊3　このような公債については、金利が公然と付与されており、徴利禁止という制約外に置かれていたのであった。

＊4　Homer & Sylla（2005）, pp.94、参照。

＊5　Homer & Sylla（2005）, pp.101、参照。

利水準までに引き上げられたのであった。同じ政府への資金提供であっても、政治形態により、その信用度は天地雲泥の差があったと言えよう。＊3

それでも下落を続けたプレスティティの時価

この市場取引によるプレスティティの時価は、1285年の75（利回り6.625％超）が1288年の戦時期の資金調達急増により70（同7.125％超）まで下落し、さらにジェノヴァとの凄惨な戦争を経験した1299年には（第2次ヴェネツィア・ジェノヴァ戦争）、60（同8.375％超）まで下落したものの、＊4 14世紀には額面100を上回るまで回復している（同5％を下回る水準）。その後第3次ヴェネツィア・ジェノヴァ戦争に際して、プレスティティの時価は、1355年に76〜77.5（同6.58〜6.45％）まで下落し、さらに、第4次ヴェネツィア・ジェノヴァ戦争に至っては、経済的に疲弊したヴェネチアが1377年にプレスティティの利子支払を中断したため、19〜43まで大暴落している。

図表2-1では、時系列でプレスティティ時価のレンジを示しているが、1377年の時点では利子の支払についての不確実性が高まったため、正確な利回りの算出は難しくなっている。＊5 戦争によるヴェネチア財政の

図表2-1　プレスティティ（ヴェネチア）価格

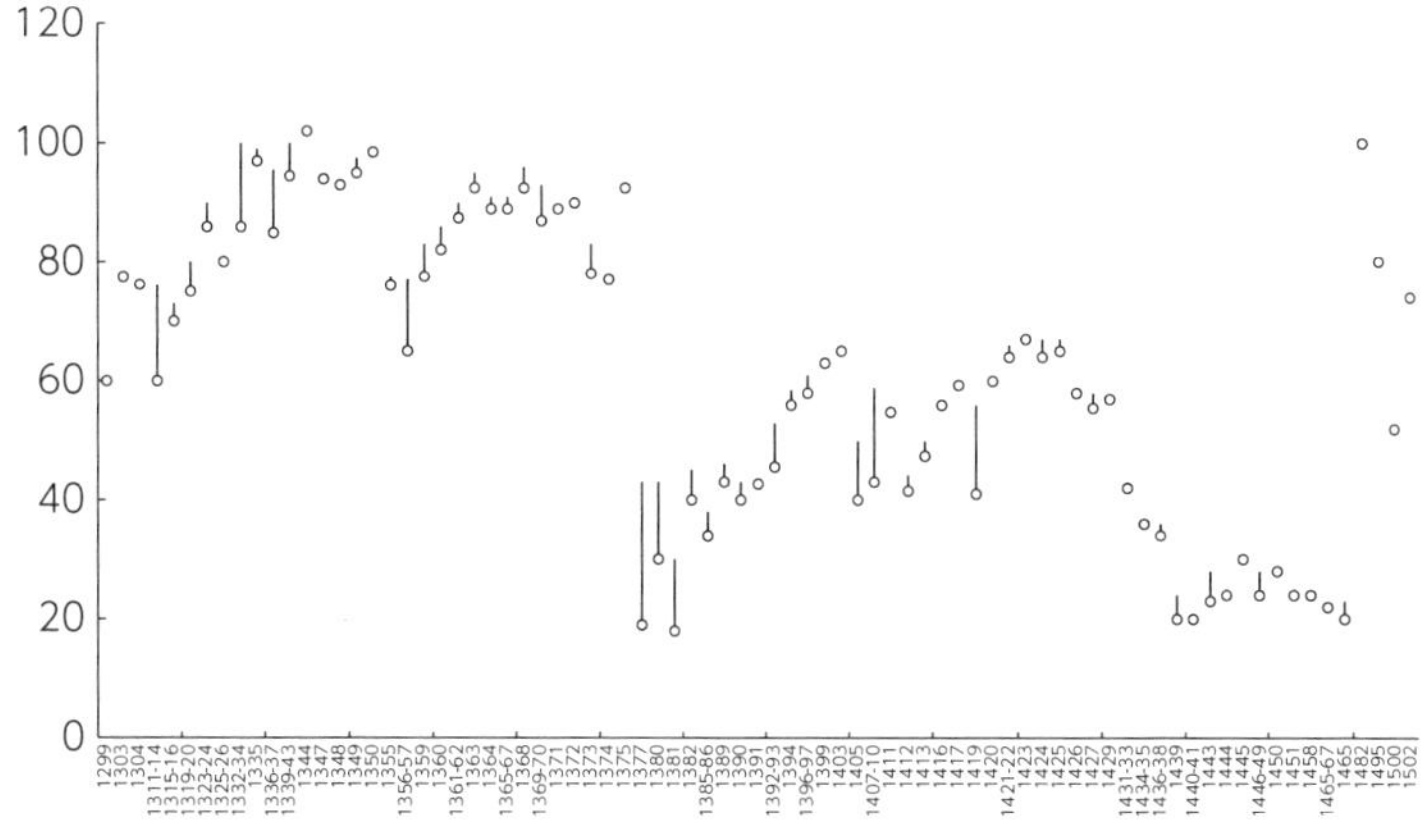

（出所）Homer & Sylla（2005），pp.99.およびpp.107.のデータを基に著者作成。

悪化がプレスティティの時価を大幅に毀損させ、さらに利払いを困難に陥らせたために、富裕な市民、投資家の金融資産にも大きな打撃を与えたものと想定される。その後、**図表2-1**に示されるように、重い財政負担を反映して67を上限に軟調な価格で推移したが、[*6]１４８２年には、新税を裏付けにした新種の５％利率の公債モンテ・ヌオーヴォ（Monte Nuovo）を発行した。公債価格は、一時的に１００まで回復するが、その後の戦費拡大による財政状況の悪化により再度の下落を余儀なくされた。

以上のように、王室とは異なる都市国家では、継続的な利払い実績を背景に円滑で低利の資金調達が可能になった。しかし、都市国家が存続したとしても、相次ぐ戦乱による財政悪化により、市場価格の暴落（公債利回りの上昇）を経験するのであった。また、富裕層等へ公債が割当てられたため、その資金を捻出するために、銀行預金が引き出された。その影響で民間銀行の倒産が続き、ヴェネチアの凋落の要因となった可能性もある。[*7]

＊6 高橋（１９９０）、88頁によれば、利払い停止を経て４％利率となった際に、時価67をつけているため、利回り水準は６％になったとされる。

＊7 詳しくは、高橋（１９９０）、89頁参照。

7 王様よりも商人の信用？メディチ家の教訓

ルネサンスが花開いた15世紀のイタリアは、現代につながる商いの萌芽が吹きはじめた時期でもある。特にフィレンツェにおけるメディチ家の合理的な事業組織は、封建的な王室とは好対照をなしていた。本節では、このメディチ家が、旧来の体制とどのように接したのかについて考えてみたい。国家同士の対立が深まる現代に、情報化を進めるグローバル企業が、どのように政治的に接していけばよいのかのヒントが隠されているからだ。

◆「政府の信用度＞民間企業の信用度」は本当か

まず、次のような問いから始めたい。公債の金利を無リスク金利と称しているように、われわれは、民間よりも公的機関の信用が高いものだと思い込んでいないだろうか。政府の信用度は、一般的には民間企業などよりも高く評価されているだけに、当然のように考えるかもしれない。信用度は、簡単に言えば、貸したお金が返済される可能性を示しており、信用度の高さはリスクの低さを意味する。企業に貸したお金は倒産などにより返ってこないことはあっても、国に貸したお金の返済を心配することはそれほど多くないはず（近年は、日本国債の発行残高が多くなりすぎて、心配になっている読者は多いかもしれないが）。

信用度が高いほど、貸したまま返済されない可能性は低下するため、安心して資金を提供できる。それだけ信用リスクが低いと言ってよいだろう。一方、信用リスクが高い相手が、どうしてもお金を貸してくれと言ってきたならばどうするだろう。借金を踏み倒しそうな相手は、信用リスクが高いのだから、それに見合ったリターンすなわち金利が得られなければ見合わないはず。つまり、信用リスクが高い相手には、高い金利でなければ貸さないことになる。これは、高リスク＝高リターン、低リスク＝低リターンという原則にも適っている。

強制的に税金を徴収できる政府は、民間企業や個人よりも信用が高いはず。しかし、歴史的に政府の信用度が高まったのは、英国や米国でも２００〜３００年前からであり、第6節で記したように、それ以前の王室の信用度は非常に低かったのである。

◆王室の信用度が低かった15世紀イタリア

たとえば、１４９４年にフランスのシャルル8世がイタリアに侵攻したときに、ジェノヴァの商人サウリ家（Sauli）から融資を受けることに成功したが、その金利水準は、年率42％も

シャルル8世（１４７０〜１４９８）

しくは56％、１００％とも言われている。引用文献により様々だが、戦時期の王室の借入金利が、非常に高かったことだけは明らかであろう。[＊8] この公信用（都市や王室による借入）は、中世以降、短期借入と長期借入の二種に区分されてきた。

短期借入：徴税請負と租税請負

短期借入は、商人や銀行家が王室への貸付と引き換えに、特定の地域の租税の徴収と納付を一定期間請け負う徴税請負と、貸付金が王室から返済されるまで特定の租税の徴収権が譲渡される租税譲渡という形式で、しばしば実施された。[＊9] 徴税請負は、余分に徴収すればその差額は請負人の儲けになり、徴収税額が不足すれば損になる。この王室による短期借入金利は、商人間金利よりも高かった。商人同士の資金貸借金利は、15世紀初頭こそ年率10％であったのに対して、15世紀末には５％程度まで低下しているにもかかわらず、王室への貸出金利は、破格に高かったのである。それだけ王室の信用度が商人よりも低かったと言えるだろう（**図表2-2**参照）。

長期借入：年金

長期借入は、イタリアの諸都市群などによる年金（annuity）であり、富裕な市民を中心に都市政府にまとまった資金を貸し付け、それと引き換えに都市の特定収入から一定期間合意された利率で年々の支払（年金）を受けるという仕組みである。年金は、高利貸ではなく売買で

＊8　Homer & Sylla（2005），pp.104.

＊9　詳しくは、諸田（１９９３）、42頁参照。

＊10　諸田（１９９３）44頁参照。

あるとして教皇庁から認められていたため、多くの都市で活用されることになり、現代を生きるわれわれが当時の長期債利回りを確認する術となっている。*10 ネーデルラントとドイツでは「レンテ（rente）」、フランスでは「ラント（rentes）」、イタリアでは「モンティ（monti）」、スペインではセンソ（censos）」と呼ばれ、中世末期には、多くの都市で貨幣調達の最も一般的な手段となった。この都市による年金の金利水準は、王室による短期借入よりも低かった。

◆ジョバンニの遺言を守れなかったメディチ家

このシャルル8世がナポリ公国を目指してイタリアに侵攻したときに、その途上で攻め落としたのが、長年にわたりメディチ家が支配してきたフィレンツェである。メディチ家のマーチャントバンクであるメディチ銀行は、シャルル8世によって全財産を没収されることになるが、15世紀半ばまでは強大な力を誇っていた。その淵源は、15世紀初頭に遡るという。

他の商人たちが積極的に国王・王室との関係を深めることで、業績を伸ばし、規模を拡大する一方で、メディチ銀行は、国王への貸出に

図表2-2　15世紀イタリアの金利水準

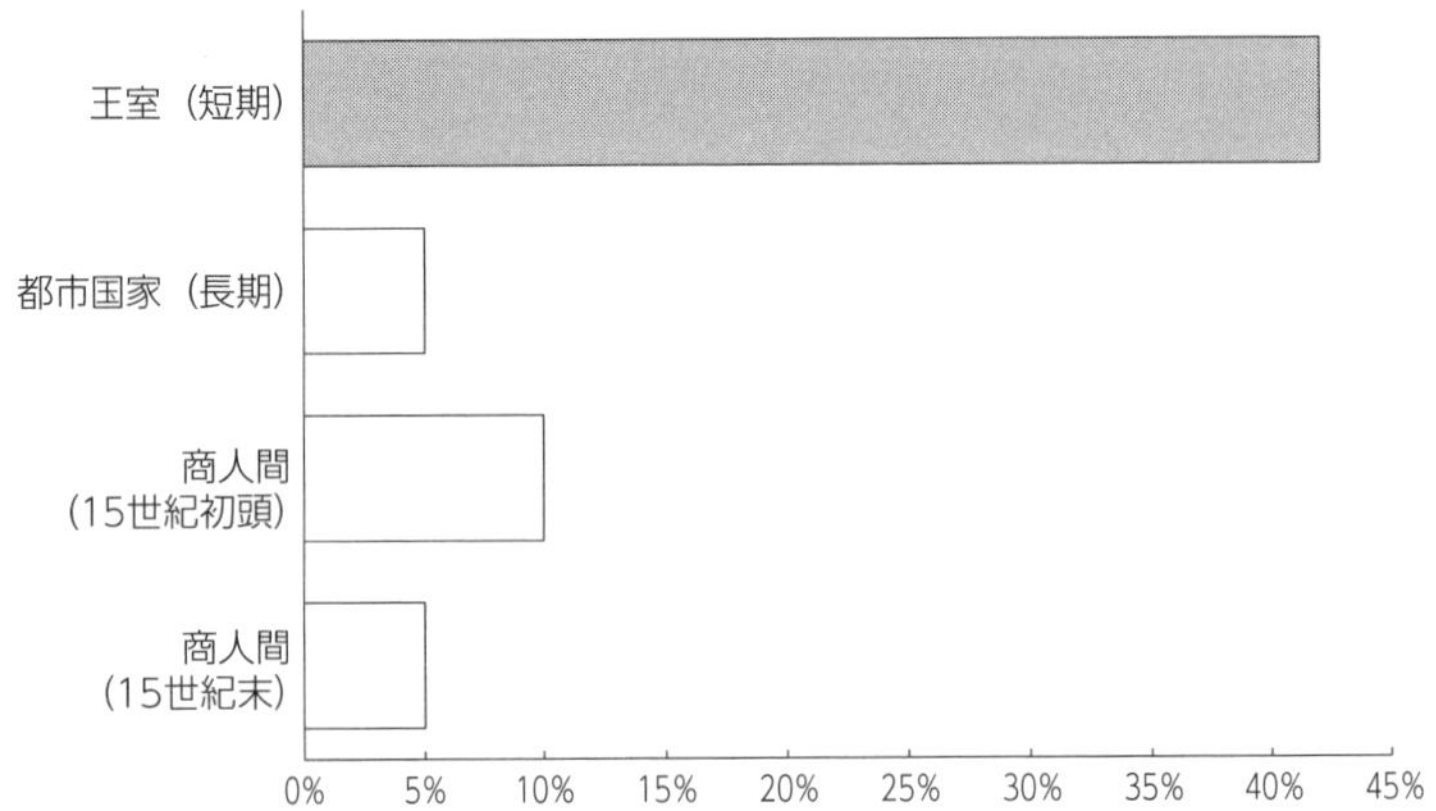

（出所）Homer & Sylla（2005），pp.108.のデータを基に著者作成。

消極的であった。急速な業況の拡大は難しいが、守りを固めることに徹したため、国王の凋落に引きずられるかたちで破綻するリスクを抑制でき、結果的に、強大な力を蓄積することができたと言われている。メディチ銀行は、当初、為替手形取引をビジネスの根幹とし、商人間信用を除く貸出には慎重姿勢を貫くことで、「国王への貸付についても危険の多いビジネスとみなして警告を発し」[*11]続けたのであった。

ここで注意すべき点は、当時、共和国であったフィレンツェの強制公債を引き受けることはあったものの、他国の君主に対する貸付を避けていたということである。自らの政治力が及ぶ範囲内ではその責任を果たしたものの、それ以外の範囲では国王・王室への貸出のリスクを排除していたわけだ。この姿勢は、当時としては、非常に合理的な判断だったと言えよう。

国王との関係構築はビジネスにとって非常に大きなメリットがあったものの、融資にまでその範囲を広げると、大きな落とし穴に陥ることを見通していたのだろう。理性よりも感情から引き起こされる戦争は、王室を急速に財政難に陥らせる可能性が高く、それだけに借金を踏み倒される確率は、商人間での資金貸借の比ではなかったと考えられる。

この政治的な慎重さは、メディチ家の礎となったジョバンニ・ディ・ビッチ（Giovanni di' Bicci de' Medici）が死の床で伝えた遺言に由来するとも言われている。[*12]

国家に関しては、もしお前たちが安全に生きたいのなら、法や人びとが定めることだけを引受けなさい。そうすれば嫉妬や危険を招くこともない。なぜなら、人に与えられるものより、人が獲

＊11　青野（2003）、85頁参照。

＊12　森田（1999）、80頁参照。

ジョバンニ・ディ・ビッチ（1360～1429）

得するものこそが憎しみを買うからだ。そうすればお前たちはいつも他人の分まで望んで自分のものまで失い、またそれを失うまではたえず脅えて生きる者よりも多くのものを得るだろう。

しかし、この慎重さも、メディチ銀行の後継者たちによって、時が流れるにしたがって反故にされてしまう。バラ戦争（１４５５～１４８５）による債権回収の困難に始まるロンドン支店の没落が、英エドワード４世への融資にも関与することになったからである。安定的な業務運営がなされているときには、慎重さを維持できたものの、危機を迎えた際には、その教訓を守り通せなくなった。遺言を守れず、慎重さを失ったときに、過大な王室の信用リスクを背負い込んでしまったのである。

ロンドン支店では、業況の悪化から、利権（フランドル地方カレーでの羊毛利権）の見返りを得るために、王室への貸付を行わざるを得なくなったのである。「コンパニーア」と呼ばれる分散型の組織構造（現代の持ち株会社形態に近似）が機能することで[13]、一地域における破局の影響がメディチ銀行全体に波及することを防ぐことはできたものの、慎重さの放棄は、徐々にメディチ銀行の健全性を蝕んでいくことになった。結局、メディチ銀行は、フランスのシャルル８世によって１４９４年に破綻させられるに至るのである。[14]

バラ戦争の大きな節目となったテュークスベリーの戦い

＊13　詳しくは、橋本寿哉（２０１３）、参照。

＊14　J.B.バスキン、P.J.ミランティ、Jr.（２００５）、45～47頁。

◆商人はあまり政治に近づきすぎないほうがよい？

15世紀欧州の商業活動はそのまま政治活動でもあり、金融活動であった。現代の場合は、一部の業種を除き、多くの企業が政治と密接に結びついているわけではなく、国際政治経済情勢は所与であり、同じように考えることはできないかもしれない。

しかし、広範囲に企業活動を営もうとするならば、何らかの形で少なからず政治と接触をする必要が出てくるはず。その際には、当初のメディチ銀行が則った「慎重さ」というキーワードは示唆に富むものであるに違いない。環境や人権など、各国政府のスタンスは多様であり、旗幟を鮮明にすることは、他の政府との対立の芽になるからである。それだけでなく、各国政府の財政の箍《たが》も緩んでいるため、想定以上に信用リスクを負う可能性がある点は注意したいところである。

ところで、アダム・スミスは、「商人の性格と主権者の性格と、これ以上両立しない２つの性格はないように思われる」[*15]として、主権者である政治権力者（君主等）の性格が、商人としてのあるべき性格と乖離しているとしている。これは、君主の浪費性が、いずれは商人の効率的な収益追求姿勢と相容れなくなることを意味していると言ってよいだろう。それだけに、主権者が資本を運用して利潤や利子を稼ぎ、それをもって中心的な財源とすることは避けるべきであり、徴税を中心的な財源とすべきであるというのがスミスの主張となっている。

これは、逆に次のように読み替えることもできるはず。商人・企業にとっては、その事業の

アダム・スミス（１７２３〜１７９０）

*15　アダム・スミス（１９７８）、２１２頁。

持続性を確保したいのであれば、度を越えて政府と近づきすぎるべきではない。規律が緩むことで収益性を低下させるという失敗を犯すことになるからである。スミスが指摘するように、たいがいの政府は、「秩序があり用心深くて質素な」[*16]行政ではなく、一貫性がなく放漫な行政であることが多いため、商人がそれと結びつくと、次第に原点を見失ってしまうということであろう。

現代の政府は、イタリアの都市国家とは異なり、封建時代の王室のような特性が強くなっているだけに、現代を生きる企業も、ジョバンニの遺言を改めて肝に銘じておきたいものだ。

*16 アダム・スミス（1978）、210頁。

8　宗教改革と金利

◆宗教改革とパラダイムシフト

　モンテス・ピエタティスの設立により、利子の徴収が市民権を得るようになったのに加え、中世から近世に時代が移行すると、1519年には、4~6%（インフレ時の1539年には7~8%）の利子が認められるようになった。ちょうど宗教改革の流れが広く欧州を席捲した時代でもある。

　さらにルター（Luther）は徴利を非難していたものの、カルヴァン（Calvin）は、徴利賛成の立場をとるようになり、大きく金利に対する見方が変化する。カルヴァンは、アリストテレスの貨幣が貨幣を生むことは「自然に反している」[*17]との見解に対して、「金は金庫の中にしまっておいたままでは何も生み出さない。商人は金を金庫の中に眠らせるだろうか。いや、商人は品物を購入し、それを売って利益をあげる。あるいは畑を買う。収穫期になると、もはや

マルティン・ルター（1483~1546）

ジャン・カルヴァン（1509~1564）

金は金を生まないとはいえない」[18]と批判を加えたのである。これは貨幣の機能に対するコペルニクス的転回であり、貨幣の交換機能や価値尺度機能を重視した従来の教会やスコラ哲学の思想から、貨幣の価値（増殖）貯蔵機能を重視する姿勢が鮮明になったと言えよう。

◆金利をめぐるカソリックとプロテスタントの対立

しかし、この宗教革命と連動した徴利容認の動きは、フランスを中心にしたカソリック勢力を、アンシャン・レジームをかたくなに守ることへと駆り立ててしまう。第5節で示した徴利容認の動きが止まり、カソリックは、反宗教改革の指針の1つとして、特にフランスにおいて反動的に徴利禁止を訴えるようになったのである。プロテスタント側の徴利容認は、カソリック側を極端な「利子付貸出＝高利貸し＝悪」という論理構成へと押しやるのである。さらにカソリック側は、理論的糾弾だけではおさまらず、とりわけ熱狂的な司教たちは利付き貸付に反対する運動を繰り広げ、反高利貸しの感情は大衆に浸透する。[19]

一方、プロテスタント側の論理構成は、「利子付貸出＝一般的金利水準での貸出＋高利貸し」となり、前者の一般的金利水準での貸出は容認されるものと位置付けた。この動きは、宗教革命の広がりとともに欧州内で拡帳していったため、金利水準には低下圧力がはたらく要因の1つになったのである。従来の資金供給・貸出は、一部の高利貸しに限られていたものの、欧州社会内でも一般的な金利水準での貸出が認められるようになれば、貸出増による資金供給の増

＊17　前掲書、アリストテレス（1961）

＊18　F.ジュリアン＝ラブリュイエール、R.ヘルピ（1997）、72頁参照。

＊19　F.ジュリアン＝ラブリュイエール、R.ヘルピ（1997）、62頁参照。

加に伴い資金需給が緩和するからである。資金を容易に借り入れることが可能になり、あえて高利貸しから融資を受ける必要がなくなった影響は小さくなかった。高利貸し金利は、1500年頃のフランクフルトでは24％であったものが、1600年頃では12％まで落ち込むと同時に、社会全体の資金調達環境の転換が促されたのである。

◆徴利禁止の呪縛からの解放

このように欧州の徴利は、貧者を追い詰めてしまうほどの高利貸しにより、コミュニティが危機にさらされるのでなければ、徐々に黙認される余地が拡大していった。節度をもった利子の付与に関しては、容認され、さらに、時代とともにその容認幅は拡大されていく。とはいうものの、キリスト教社会の取り決めとして、一旦、徴利禁止を掲げてしまった都合上、形式的にはこの大原則を維持しなければいけない。

そのため、徴利禁止の大原則との整合性を保つために公益質屋に加え、当時の人々は様々な理由を考えたのである。①補償（返済の遅延に起因する損害の偶発）、②収益遅延、③労働の対価としての報酬、④貸し出された元金を失う危険（リスク）、⑤不確定性などである。

たとえば①の補償は、当初から金利を課す取り決めをするのではなく、返済期日に返せなかった場合の代償請求として元本を上回る額を返済してもらうという考え方である。利子を科すのではなく、期日までに返済されないことを理由にした損害賠償金を徴収するという論理構成である。形式上は、返済期日を早めに設定し、その期日以降に遅延金を加えて返済することになるが、実質的には利子の徴収と同じであった。金を貸して利益を得ようとは不届きであるが、金を貸して期限に返してもらえないとは不幸なことだ。その代わりに資金を上乗せて返してもらうのは当然だ。金銭貸借による利益は憎まれたものの、損失に対しては代償請求として認められるという考え方の転回は、当時の価値観の変化が見事に現れた事例と言えよう。さらに、④および⑤は不確定性の対価として利子を徴収するという概念であり、リスクに見合うリターンを獲得できるという関係が垣間みられる。

形式はともかく、実質的に利子の理由付けが一般に受け入れられるようになると、金銭貸借のみならずその他の類似行為も容認され始めた。終身年金や為替手形の取引、パートナーシップの無機能社員出資持分（sleeping partnership）も、その不確定要素（終身年金は最終的な元本相当分が戻ってくるとは限らないし、為替手形も実際に手形の代金決済が第三者によって行われるかは不確定）や損失可能性（パートナーシップは損失の可能性が十分にあり、資金提供により利益が得られることの確実性が低い）から黙認された。これは、利子を禁止するという教えの呪縛を断ち切り、資本取引が本格化する原点の1つとなったとも言えよう。

Column ❷

債券価格と債券利回り

債券とは、国や地方公共団体、金融機関、企業などが資金調達するために発行する証券であり、それぞれ発行者によって国債、地方債、金融債、事業債（社債）と呼ばれる。また、国債や地方債のように公的機関が発行する場合には、総称して公債と呼ばれることもある。この債券は、資金に余裕のある投資家が購入すれば、あらかじめ決められた利率を定期的に受け取り、決められた期限（満期償還日）に元本が返済される仕組みになっていることが多い（この種の債券を固定利付債と呼ぶが、世の中の金利変動に応じて利率が変化する変動利付債もある）。仕組みは、貸付（借入）と同じだが、債券の場合には一対一での相対での資金の貸借ではなく、不特定多数の投資家が購入する証券であるため、満期を迎える前に他の投資家に売却することが可能であるという特徴がある。

この債券の利率は、発行されてから満期まで一定だが、経済環境や政策により、世の中の金利水準は変化する。世の中の金利が上昇すると、新たに発行される債券の利率は、それに応じて上昇するため、金利が低いときに発行された債券の魅力は低下するはずである。何らかの理由で資金が必要になり、魅力が低下したにもかかわらず、その債券を他の投資家に売却する場合には、債券価格を値引きしないといけない。後から購入した投資家は、値引き分を反映した高いリターン（債券利回り）を得ることになる。逆に、世の中の金利が低下すると、金利が高いときに発行された債券の魅力は高まるため債券価格は上昇することになる。後から購入した投資家は、値上げ分を反映して低い債券利回りで投資したことになる。このように、世の中の金利が上昇する際には、債券価格が下落して債券利回りが逆に上昇するものの、世の中の金利が低下する際には、債券価格が上昇して債券利回りが逆に低下する。つまり、債券価格と債券利回りは逆の動きをするわけである。

さらに、発行体の信用度が悪化した時には、利払いが滞り、満期時に元本が戻ってこない（デフォルトと呼ぶ）可能性が高まる。この債券を売却する場合には、信用リスク分だけ値引きせざるを得なくなるため、債券価格は下落し、債券利回りは上昇する。逆に、想定を超えて発行体の信用度が改善されれば、債券価格が上昇し、債券利回りは低下する。

以上のように、世の中の金利状況や、発行体の信用状況により、債券価格と債券利回りは逆方向に変動するわけである。

9 商業都市アントワープの強さと弱さ

◆アントワープの繁栄

16世紀に、銀山を背景とした政商フッガー家は、ベルギーのアントワープ（Antwerp、アントウェルペン）で欧州経済の主役の一人として活躍した。15世紀末には、コロンブスの新大陸発見やヴァスコ・ダ・ガマの新航路発見が、欧州の商業圏に大きな変化をもたらし、欧州商業圏の軸足が、ヴェネチアのレヴァント貿易から、ポルトガル商人による東インド貿易（リスボン拠点）およびスペイン商人による新大陸貿易（セヴィリア拠点）へと移行したのである。

この新たな2拠点すなわち「二大貿易部門は、『銀』をもっておのずから接合される。その接合の地点となったものは、当時国際的な中継市場または金融市場」*20としてのアントワープであった。ちなみに、ダイヤモンドの原石取引の多くは、アントワープを介して行われている。

16世紀にあっても、金融と宝飾は非常に密接な関係をもっており、ダイヤモンドの研磨とジュ

ともに簿記を学んだヤーコプ・フッガーと、フッガー家の会計主任であるマッティウス・シュヴァルツ。

*20 大塚（2001）、87頁参照。

エリー加工は金融取引に匹敵する地位を占めていた。

◆貿易・金融センターとしてのアントワープ

アントワープは、16世紀前半に「ベネチア・システムから疎外されたジェノヴァ人と南ドイツ人の頭脳、技術、資本を自国経済システムに取り込むことに成功し」[*21]、スペインやポルトガルの金融センターの地位を築いた。スペインやポルトガルは、香料貿易や新大陸との交易での主役ではあったものの、地中海の中心には、常にヴェネチアが存在し、中継貿易や金融の中心にはなり得なかったために、この機能を地理的に隔てた欧州北部に委ねて、自らのシステムに取り込む仕組みをつくったのである。また、スペインの「リスボンやセヴィリアは中継点にとどまり、欧州域内の商品の集荷、配送には北の商人の手を借りるほうが安全であり、効率的」[*22]でもあった。このような背景から、地中海におけるヴェネチアの対抗軸としてアントワープが位置付けられるようになったのである。

確かに、交易の中心になったセヴィリアなどでも金融業が発展する兆しはあったものの、「スペインの宗教的不寛容さが、セヴィリアからユダヤ系商人や金融業者を追い出してしまった」[*23]こともあり、自由度を伴った金融都市を形成することにはならなかった。都市の宗教的寛容性は、ユグノー（フランスのカルヴァン派）、イベリア半島から追放されたユダヤ人（Sephardim）を受け入れ、商品・情報ネットワークを生かせるようになるため[*24]、16世紀から

＊21　高橋（１９９０）、99頁参照。
＊22　高橋（１９９０）、１１１頁参照。
＊23　高橋（１９９０）、１１４頁参照。
＊24　宗教的迫害のために自ら住む地を追われ、別の地域に移住することを余儀なくされる現象をディアスポラ（Diaspora）と呼ぶ。

17世紀にかけて国際貿易商人として大きな役割を果たしたのである。

「国際貿易商人の活動が活発になり、取引量が増え、取引のためのスピードが上がれば、情報は増え、おそらく情報の流通速度は上昇する」[25]ため、情報の非対称性が減少してさらに取引が活発になるという正のループがはたらく。アントワープが金融都市として台頭する背景には、この人材の自由度と、何といってもポルトガル保有の香料の引受けがブリュージュからアントワープに移されたという要件が重なったことも影響したのである。アントワープ取引所の碑文には「国籍と言語の如何を問わず、すべての商人に役立てるために」と記されており[26]、「各地から参集する商人たちのあいだで自由な商品取引や手のこんだ金融操作がなされていたばかりでなく、すでにさまざまな投機や富籤までがさかんに行われていた」[27]。

◆経済的な強さにより国際金融の主軸となった

ところで、フッガー家のような政商に代表される富裕層は、その政治的交渉力を強め、富裕層にとって有利な政策、たとえば優遇税制が採用されたこともしばしばあった。アントワープ金融の特徴として挙げられる手形割引において、「アウグスブルグの巨商フッガー振り出しの手形は『金と同様のもの』[28]」と言われたように、低地地帯で活躍した商人たちと、王室や各政府との格差も拡がる。当然、資金調達金利も、商人や富裕層の資金調達コストの数倍も高い金利を設定しないと、王室は資金調達できないこともあった。その王室の金利水準は、フッガー

16世紀のアントワープ取引所

*25 玉木（2012）、97頁参照。

*26 高橋（1990）、117頁。

*27 大塚（2001）、120頁。

*28 高橋（1990）、118頁参照。

家が保有した政府証券の金利水準を基準にすれば11～13・5％であった。[*29]

これは、王室の短期借入の中でも債権者の名前を記さない無記名証券として、アントウェルペンの取引所で盛んに取引されたものである。アントワープの強さは、取引所取引を介して一年中取引が可能であったことや、それによって生じる為替取引が活発に行われたという流動性の高さにほかならない。アントワープを「ハブに他の都市とスポーク型に結ばれた」[*30]ネットワークの有用性は高く、スペインなどがアントワープを活用したのである。

さらに、アントワープでは、従来のごく一握りの大商人に財産が集中したのではなく、富が広く多くの人々に行き渡っているという特性も指摘されている。これは、富籤（くじ）が人気を博したことから職人を含む多くの階層の人々が、一攫千金を夢見て少額の資金を拠出できる状況にあったのが、明らかであろう。従来の公債が、主に富裕層に対して強制的に割当てる形式での発行だったのに対して、商人などに限らず一般市民も広く平均的に富を蓄積していたため、自発的に少額の資金を集約していく手法、すなわち富籤公債の発行が可能になったのである。多くの一般大衆が豊かになり、安定的な公債保有層を形成するならば、政府の円滑な資金調達に貢献するだろう。富裕層を介した資金調達から、一般大衆も含めた年金公債等を介した資金吸収は、アントワープの経済的基盤を盤石にしたのである。

*29　詳しくは、諸田（1993）、43頁参照。
*30　高橋（1990）、116頁参照。

◆政治的な弱さから持続可能性はなかったアントワープの栄華

それと対照的であったのが、王室財政であり、16世紀にスペインやフランスなどの王室の財政を圧迫した支出の「最大の原因は、疑いもなく戦費の激増」*31であった。この資金調達難のために、一時凌ぎとしての貨幣改鋳*32に追い込まれることもあった。この貨幣価値の下落から物価に上昇圧力がはたらくことになるが、さらにスペインなどハプスブルク家を中心とした欧州の王室は、政商たちに依存する中で、新大陸からより多くの銀を流入させることに狂奔したのである。*33

図表2-3は、スペインへの金銀の流入額を示しているが、1550年代には金の流入額が、1590年代には銀の流入額が急増しているのが確認されよう。中南米のスペイン植民地からの金銀の供給が、欧州の物価上昇をもたらしたという「価格革命」が有力説とされていたが、必ずしもその因果性は実証されていない。「多くのヨーロッパ諸国では16世紀にはいって農産物価格が上昇し始めたのであるが、南米からの金銀の大量流入は16世紀後半から」であるからである。*34

結局、アントワープの繁栄は、1575年に恐慌を経験し、1576年にはスペイン兵士による掠奪を受け、1585年にはスペインに降伏して衰退過程に突入している。確かにアントワープでは、効率的な商業金融の仕組みを形成したことは事実であったものの、その限られた小さな世界を維持するためには、政治的な立ち回りも必要だったと言える。ヴェネチアや英国

*31　諸田（1993）、38頁参照。

*32　流通している貨幣を回収し鋳潰し、金や銀などの含有量を改めて新貨幣を鋳造すること。その多くは、含有量を減じたため、物価の一時的上昇を発生させることが多かった。

*33　スペイン王室は、1557年、1575年、1596年、1607年、1627年、1647年、1653年に支払停止の緊急措置をとっている。

*34　平山（2004）、221頁。

*35　高橋（1990）、131頁参照。

などのような数世紀にわたる繁栄は、効率的な経済システムとともに、このリアリズムに基づく政治的対応や調整があったからこそ維持可能であったはず。もちろん、メディチ家の家訓にあったように、王室などに貸出をしない範囲での戦略的対応という次元であることは言うまでもない。

アントワープや第11節で記すアムステルダムといった限られた地域で富が一般大衆まで行き渡った状態は、その地域外との富の偏在性から嫉妬を生み、脆く崩れ去っていく点は忘れてはならない。経済的強さの半面、政治的弱さはどんなに効率的な経済システムを構築しても持続可能性は低いと言えよう。その脆弱性の故に、16世紀前半の国際金融の主軸となったアントワープは、その役割を16世紀後半にジェノヴァに、そして17世紀にはアムステルダムに譲るのであった[*35]。

図表２-３　10年ごとのスペインへの金銀輸入量（トン）

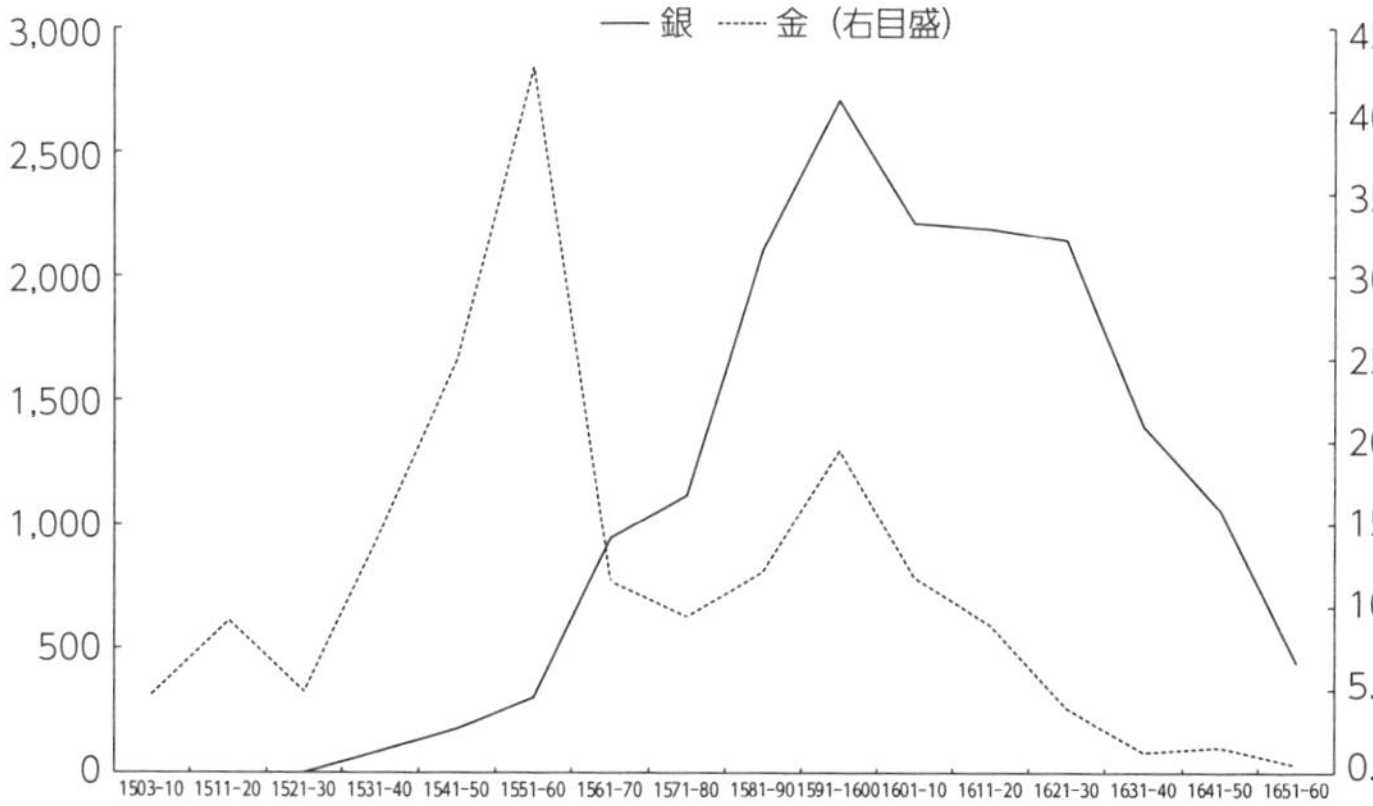

（出所）平山（2004）表１に記載されているHamilton（1934）のデータを基に著者作成。

10 スペインの盛衰に左右されたジェノヴァ金利

◆金利の側面からみた金融覇権

中世が幕を閉じ16世紀に至る過程を、地中海交易や大陸内流通の主軸であった商人と政治の関係から整理してきたが、その栄光の歴史も17世紀には終焉を迎える。スペインの覇権を背景としたイタリア諸都市群やアントワープの金融覇権は、スペインの衰退とともに凋落していくからである。

その動向を金利の側面から定量的に確認するために、ジェノヴァのルオーギ（luoghi）の配当割引金利に注目してみたい。ルオーギとは、ジェノヴァの財政を管理した欧州最古の認可銀行とされるサン・ジョルジョ銀行（the Bank of St. George of Genoa）により発行された一種の証券であり、ヴェネチアのプレスティティとは異なり、固定利率ではなく、強制的に富裕層に購入が割り当てられるものでもなかった。

サン・ジョルジョ銀行本店があったサン・ジョルジョ宮殿

ルオーギは、ジェノヴァが得る税収を裏付けに、銀行経費などを控除して配当が決定され、4年後に2分の1、5年後に残りの2分の1が支払われることになっていた。*36 この数年後に受け取れる配当請求権を現金化する際に用いられた割引率が、**図表2-4**に示された配当割引金利である。おおむね、当時の4～5年間にわたる資金貸借の金利水準と考えてよいだろう。

配当割引金利は、1527年には6％を上回るまで上昇している。イタリア戦争で神聖ローマ皇帝カール5世がローマを攻撃するなど、戦乱により商品価格が上昇した時期である。ルオーギの配当成果は低下したが、戦費増大に伴い発行額が増加したため、ルオーギの供給過多による需給悪化により、その割引金利は上昇したのである。1540年代後半からは、大規模な建設と商業活動が活発化したため物価も上昇し、戦乱期には割引金利も上昇基調で推移している。特に1555年および1566年は9％まで急上昇しているのが確認されよう。

◆16世紀末にかけてジェノヴァ銀行家の役割が高まったが…

16世紀を通して、スペイン王室の資金調達を担う役割は、ドイツのフッガー家をはじめとする銀行家からイタリアの銀行家へと移行した。具体的

図表2-4　ルオーギの配当割引金利推移（4－5年）

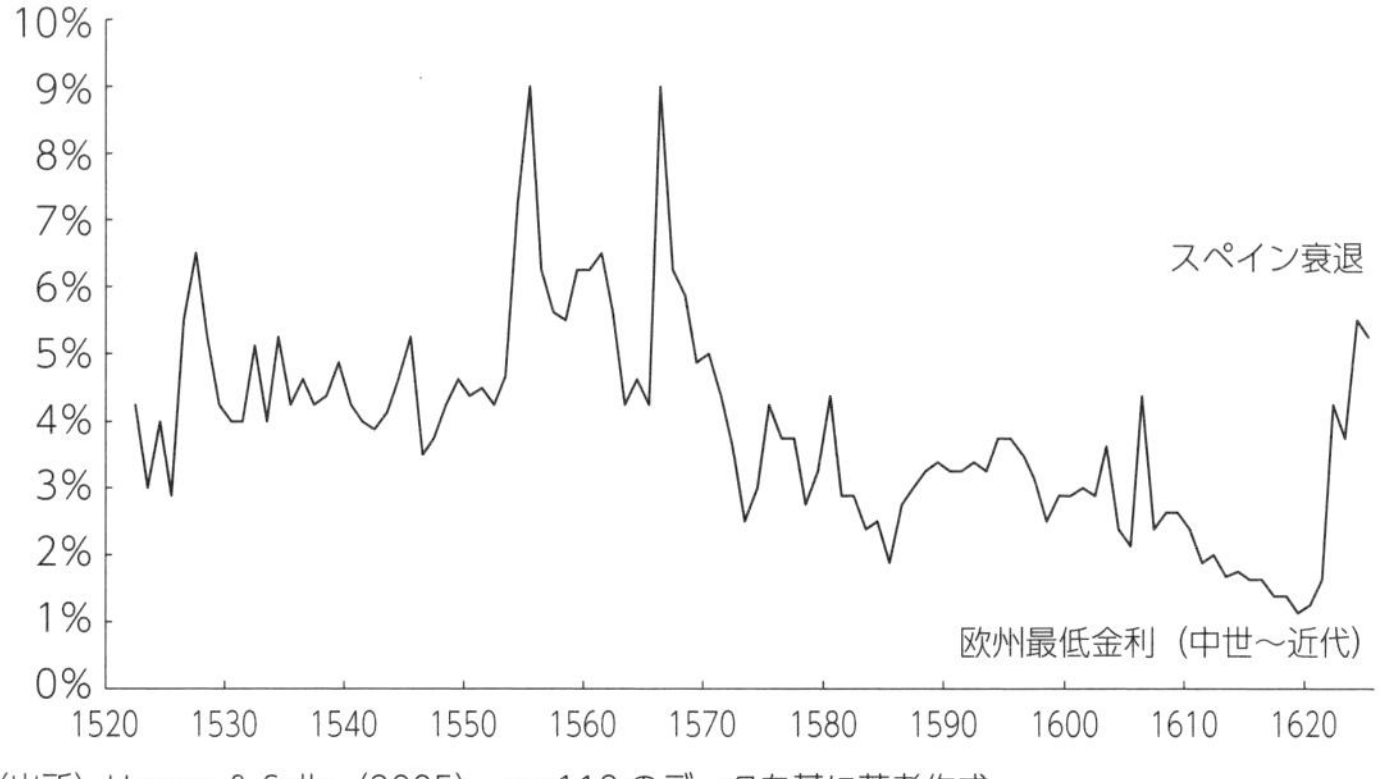

（出所）Homer & Sylla（2005），pp.118.のデータを基に著者作成。

には、スペイン王室への貸付は、1552～56年には、ジェノヴァを中心とするイタリアの銀行家による比率がドイツを上回るようになったのである。「ジェノヴァが南ドイツやオランダの金融家に代わって、スペイン・ハプスブルグ朝の銀行といわれたのは1570年以降のことであり、新大陸からの金・銀を担保に貸し付けていた」*37とあるように、16世紀末にかけてジェノヴァの銀行家の位置付けが高まった。16世紀を通して、アントワープでの国際金融取引が一般化するにつれ、大商人・銀行家たちは、低い金利で資金調達して、より高い金利で王室等への短期貸出をする金利差獲得を拡大させていく。短期借入の証書化や取引所での売買の活発化は、国際金融都市の流動性の高まりによる裁定取引の機会を増やしたと言えよう。興味深いことに、1550年から1620年にかけての商品価格は2.5倍になったとはいえ、*38**図表2-4**に示すように配当割引金利は趨勢的に低下しており、ジェノヴァにおける資金貸借環境が良好になっていったのが確認される。商人による潤沢な資金移動が活発化し、物価上昇にもかかわらず金利水準が低下したのである。

それに加え、特にルオーギに関しては、他地域の金利水準と比較して相対的に低い金利を記録した背景として、ルオーギを遺贈された受贈者は、一定程度配当を再投資することが求められたため、投資需要が支えられたことや、銀行が準備金として一定水準のルオーギを保有することが求められたことなどが挙げられる。その結果、1619年には、ジェノヴァのルオーギの配当割引金利は、欧州最低水準の1.125％を記録したのである。

しかしこの良好な環境も長く続くことはなかった。ルオーギの割引金利水準は、ジェノヴァ

＊36 Homer & Sylla (2005), pp.117、参照。

＊37 石見（2012）、18頁参照。

＊38 Homer & Sylla (2005), pp.118、参照。

の金融覇権の凋落とともに５・５％まで急上昇したのである。ジェノヴァは、強大な後見国であったスペインの衰退により、急速に金融覇権を失うと同時に、金利急上昇の憂き目に遭うのであった。そして、国際金融都市としての地位は、アントワープおよびイタリア諸都市群からアムステルダムに譲り渡される契機になる。これらの金融都市は、ヴェネチアがレヴァント貿易で栄えた15世紀までの期間と、英国中心のマネーセンターバンクが主軸になる18世紀以降の期間との間隙の時代（16〜17世紀）に、金融市場の主役として活躍する。

ジェノヴァの金融覇権もアントワープと同様に、自ら国際政治的パワーを伴わずに、スペインの威光を後ろ盾にしたため、その持続可能性が低かったと考えられよう。

11 金融覇権の交代？ オランダの低金利

◆17世紀金融覇権を握ったオランダ・アムステルダム

「16世紀には欧州の貨幣ストックは十倍に増加したのに対し、17世紀にはそのストックは二倍に増えたにすぎない」[*39]とあるように、17世紀は、世界の人口増加がペースダウンする中で貨幣量増加も減速した。さらに、物価の上昇も落ち着いてきたため、金利も低下基調で推移したのである。その17世紀に、国際金融都市として欧州をリードしたのは、オランダである。[*40]ヴェネチアやフィレンツェなどのイタリア諸都市群を中心とした金融覇権がスペインの補完としてのアントワープおよびジェノヴァに移行したが、その後のスペインの凋落は、オランダへと国際金融都市の役割を委ねるようになった。

16世紀後半に崩れ去ったアントワープの金融覇権を引き継いだアムステルダムは、経済力の隆盛は17世紀のみならず、18世紀の英国の覇権の時代にまで及ぶ。その前提になった経済力の

＊39 高橋（１９９０）、１３６頁参照。

＊40 以下では、特に記載のない限り、15世紀末以降のハプスブルク領ネーデルラントや、１５８１年から１７９５年に至るネーデルラント連邦共和国等をオランダと記し、北部7州の主要部分であるホラント州と、その中心都市であるアムステルダムと区別する。

淵源は、アントワープと同様に一部の大商人のみならず、広く民衆にいきわたった富であり、さらには歴史の節目節目の外国との政治的闘争に勝利したという幸運が積み重なった点である。オランダの内政は、ヴェネチアのように統一的な意思決定がなされる体制ではなく、ネーデルラント連邦共和国としてホラント州を中心とする分権的性格が強かったため、対外的な軍事行動力は弱かったものの、戦争にあっては、最後の最後に幸福の女神が微笑むケースが多かった。

◆投資国家オランダの金融システム

ジェノヴァがスペインの覇権を後ろ盾に発展したのに対して、アムステルダムは、スペインの衰退とともに、欧州における商業の中心の地位を得て、強固な経済的信用力を背景に金融覇権を握る。オランダは、中継貿易を中心に資本の蓄積が進んだため、国内での投資機会が相対的に少なく、英国などへ積極的に海外投資せざるを得なかった。国内での資金余剰から資本輸出国となったオランダは、英国をはじめとする国々よりも資金調達コスト（金利水準）が低く、欧州内での金利のアンカーとしての機能を果たしたのである。「オランダが教会の徴利禁止法を撤廃し、徴利を公認するようになるのは１６４０年（この年、金利は5％を上限として公認され、55年にはそれは４％に引き下げられる）からであるが、世俗法はそれ以前から徴利を認めていたと言われている」ため、[*41] 17世紀の段階では、従来の徴利禁止は有名無実化していたと言えよう。

＊41　詳しくは、宮田（１９８７）、51頁参照。

オランダでは、多くの一般大衆が小口投資家として、ハプスブルグ領時代からの伝統を持つ年金公債を購入していたため、財政資金の調達は円滑に行われていた。これらの潤沢な資金の供給は、オランダ金融（ダッチ・ファイナンス）の強みとして、良質な長期債購入を促進し、低金利を維持することに貢献したのである。

この経済的な隆盛は、以下のように人材面と金融面から説明できる。

有能な人材の流入：迫害から逃れた新教徒・ユダヤ人の誘致

第1に、有能な人材が国境を越えてオランダに流入し、経済成長に貢献したことが挙げられる。16世紀から17世紀にかけて、迫害から逃れた欧州の新教徒やユダヤ人は、一路、オランダを目指した。英国は、「外国人には英国人にない種々の重税を課すという制度を採用し」、さらには「オランダが官民一致して積極的な誘致策をとった」[*42]ことから、多くの人材は英国ではなくオランダに集中したのである。「ヨーロッパの産業と技術がオランダに流入し、オランダ人は精力的にそれを吸収、改良し、政府もそれを保護、奨励したので、たちまち急成長した」[*43]。この欧州中から流れこんだ商人ネットワークは、小国でありながらも、「ヨーロッパの商業情報の中核」[*44]として経済的繁栄を謳歌する基盤となったわけである。

なお、ヴェネチアの場合には、15世紀以降にスペインから排除されたユダヤ人を受け入れている。コロンブスがアメリカ大陸を発見した１４９２年に、スペインはレコンキスタの達成によるイスラム教徒の追放とともに、国内の政治的安定を目指して、ユダヤ人の追放も実施した

＊42　岡崎（１９９１）、文庫版１５８頁参照。
＊43　岡崎（１９９１）、文庫版１５９頁参照。
＊44　玉木（２０１２）、81頁参照。

のである。これにより、「数百年にわたりスペインに多大な貢献をしてきた機敏で懸命なユダヤ人のコミュニティは急速に瓦解」するに至る。[*45] 一方、交易都市であるヴェネチアでは、ある程度の制約は課しつつも、ユダヤ人の活躍の機会を確保したため、多くのユダヤ人人材が移住してきたのである。これと同じ人材活用が時代を超えてオランダで再び開花したと言ってよいだろう。

資金決済の仕組み：アムステルダム銀行の設立

第2に、オランダでは、円滑な資金決済の仕組みが機能し、低金利による資金調達を可能にしたことが挙げられる。各地から流入してきた人材群が活躍するオランダでは、「世界最大の、そして世界で最も進んだ資本と商品の取引所」[*46]が構築され、カネとモノの流れが加速し、富が蓄積されていく。中でもカネの流れの起爆剤となったのがアムステルダム（振替）銀行の設立[*47]であった。１６０９年、イングランド銀行より75年も早く、アムステルダム銀行が設立され、主要都市を結ぶ外国為替の振替決済機能を果たす銀行としてオランダの金融システムを飛躍的に発展させたのである。

「低い手数料でいかなる取引も迅速に行った。預金はどこよりも安全であり、支払いはただちに、そして最も質の良い貨幣で行われたので、アムステルダム銀行の『銀行券』は市中の現金に対して、５％のプレミアムがつくほどの信用」[*48]を獲得した。アムステルダム銀行は、資金決済機能をもった振替銀行としては、１４０８年設立のサン・ジョルジョ銀行、１５８７年設

＊45　バーンスタイン（２００５、邦訳文庫版）２１９頁。

＊46　岡崎（１９９１）、文庫版１５９頁参照。

＊47　アムステルダム振替銀行の意義については、石坂（１９６８）78～１２０頁を参照されたい。

17世紀当時のアムステルダム銀行

立のヴェネチア銀行（Banco della Piazza di Rialto of Venice）などの系譜を引き継ぎ、大西洋側で本格的な活動を開始し、決済手段を提供したのである。

「支払いを受ける者にとって肝要なことは、彼が受け取るものを自らの支払いにふりむけることができるということを確信することである。この条件が満たされる限り、貝殻、金属の円盤、適当に印刷された紙券、または銀行の元帳への単なる記入はすべて支払手段として役立つことができる」[*49]とあるように、アムステルダム銀行は、非常に有効な支払手段を提供することで、欧州の金融の中心の地位を築いたわけである。アムステルダム銀行による円滑な国際決済を支えた国際通貨システムの導入は、経済成長に応じた信用の供与を可能にするという点から、一種の金融技術革新であったとも言えよう。この金融技術革新は、これまでになく強力に、商業流通を加速させ、欧州中にハブ・アンド・スポークス型の決済・取引ネットワークを構築するとともに、信用力を背景とした低金利環境を生み出す源泉となったのである。

◆商業の原動力にも、過大なレバレッジの原因ともなった低金利

ところで、アムステルダム銀行は、17世紀の段階から、「高利の金融を追放し、貨幣の混乱を抑え、商業のために資金を必要とする人々の要求にこたえる」[*50]ために、資金決済の安定を目指した。具体的には、低利での資金を供給し、信用制度の確立に寄与したのである。[*51]当時のオランダ商人達の資金調達金利は、2・5～4・0％であり、英国の水準を大きく下回り、その資

*48　岡崎（1991）、文庫版159頁参照。アムステルダム銀行券は、銀行預金と同義と考えられる。

*49　詳しくは、モーガン（1989）、17頁参照。

*50　詳しくは、岡崎（1991）、文庫版162頁参照。

*51　アムステルダムにおける低金利形成の構造については、宮田（1987）50～61頁参照。

金調達金利の低さは、商業を中心とする経済にとっては規模のメリットとしての大量仕入れ・大量販売を可能とさせる原動力となった。欧州内での資金調達コストの低さは、他国対比でのオランダ商人の優位性となり、交易の繁栄を促したのである。オランダは、商業と金融が密接に結びついた経済圏を、15世紀に至る地中海でのヴェネチアから引継ぎ、17世紀の大西洋側で実現したのである。

ただし、低金利で潤沢な資金が調達できるということは、反面、人間の貪欲さに火をつけることで、レバレッジの過大な拡大を発生させるデメリットもある。実体経済の成長率を上回るペースで拡大する信用は、金融技術革新を活かしてバブルを発生させるのである。オランダの場合は、やがて経営が困難になる東インド会社へのアムステルダム銀行による過剰な貸出は、やがて焦げ付くことになる。また１６３７年3月には、オスマン帝国からもたらされたチューリップの球根価格が暴騰するチューリップ・バブル（Tulip mania）が発生したとされている。低金利を背景に容易に借金をして、値上がりが期待されるチューリップの球根を購入したため、「小さな球根が巨額の貸し付けの梃子（レバレッジ）となったのである」[*52]。さらに一般大衆投資家は、投資していた各国戦争公債のデフォルトにより大損害を被ることにもなった。１８００年当時の「オランダの対外投資は、ＧＤＰの二倍に相当する15億ギルダー」[*53]にまで拡大していただけに、その混乱度合いは想像を超える水準であったものと考えられる。

＊52　詳しくは、ガルブレイス（１９９１）、49～56頁参照。

＊53　詳しくは、バーンスタイン（邦訳文庫版、２００５）、１８２頁参照。

第3章

大航海時代・帝国主義時代の国債・公債管理

12 17世紀オランダ公債を支えた高貯蓄率

◆公債発行の種類とその変遷

低金利を支えたネーデルラント連邦共和国の州や都市当局の資金調達は、３種類の債務証書の発行で行われていた。短期（12か月以内）を前提とした約束手形（Bill）である公的債務証書（obligatien）、発行者が償還を決定するまで無期限で金利が支払われる償還公債（losrenten）、そして買い手あるいは受取人の生涯にわたって年賦金が支払われる終身年金公債（lijfrenten）である。[*1] 従来は、償還公債や終身年金公債など長期間にわたる公債が主軸であったが、政府の資金調達の主軸は短期債に移行した。公的債務証書は、無記名債券であったため、売買がし易く流動性に優れていたためであり、１６３０年代から１６４０年代にかけて発行残高が顕著に増加し、ホラント州の公債残高の50%を超えるシェアを占めるようになった。[*2]

この間に**図表3-1**に示したように、３種類の公債合計は、ウェストファリア条約により晴れて

＊1　フリース、ワウデ（２００９）、１０２～１０３頁参照。

＊2　１６９１年以降は非課税終身年金公債、非課税公的債務証書、１７１１年からは富籤付ローンも含めた合計額。

＊3　フリース、ワウデ（２００９）、１０６頁参照。

独立が認められるまで急増している。オランダ独立戦争（八十年戦争：1568～1648年）での休戦期間（1609～1621年）には緩やかな増加ペースであったものの、特に1630年代から1640年代にかけては、調達しやすかった公的債務証書を主軸に、戦費拡大に応じて発行されたのである。

その後25年程度は、公債残高は横這いだったが、「フランスの地上侵攻とイギリスの海上封鎖からなる1672年の同時攻撃により、ホラント州は、再び公債市場に大きく依存」[*3]したため公債残高は増加する。さらに、1688年以降のフランスに対する大同盟戦争でも公債残高は増加基調で推移した。このような相次ぐ戦費の拡大にもかかわらず低金利が継続したのは、「公債保有者の所得が非常に高く」、高い貯蓄率が公債への再投資を促したからであった。

しかし、18世紀に入り、スペイン継承戦争（1701～1714年）時には、「ホラントの力の源泉であった高い信用力に、陰りが見え始め」戦費調達のためにアントワープと同じように「くじ付き債券」の発行を余儀なくされ、多くの投資家の関心を買わなければならないまでになっていた。「くじ」というオプションを付与することで、人々の射幸心を煽ったのは、庶民に広く富が行き渡っていただけでなく、資金調達の

図表3-1　ホラント州の公債残高と種別構成比率

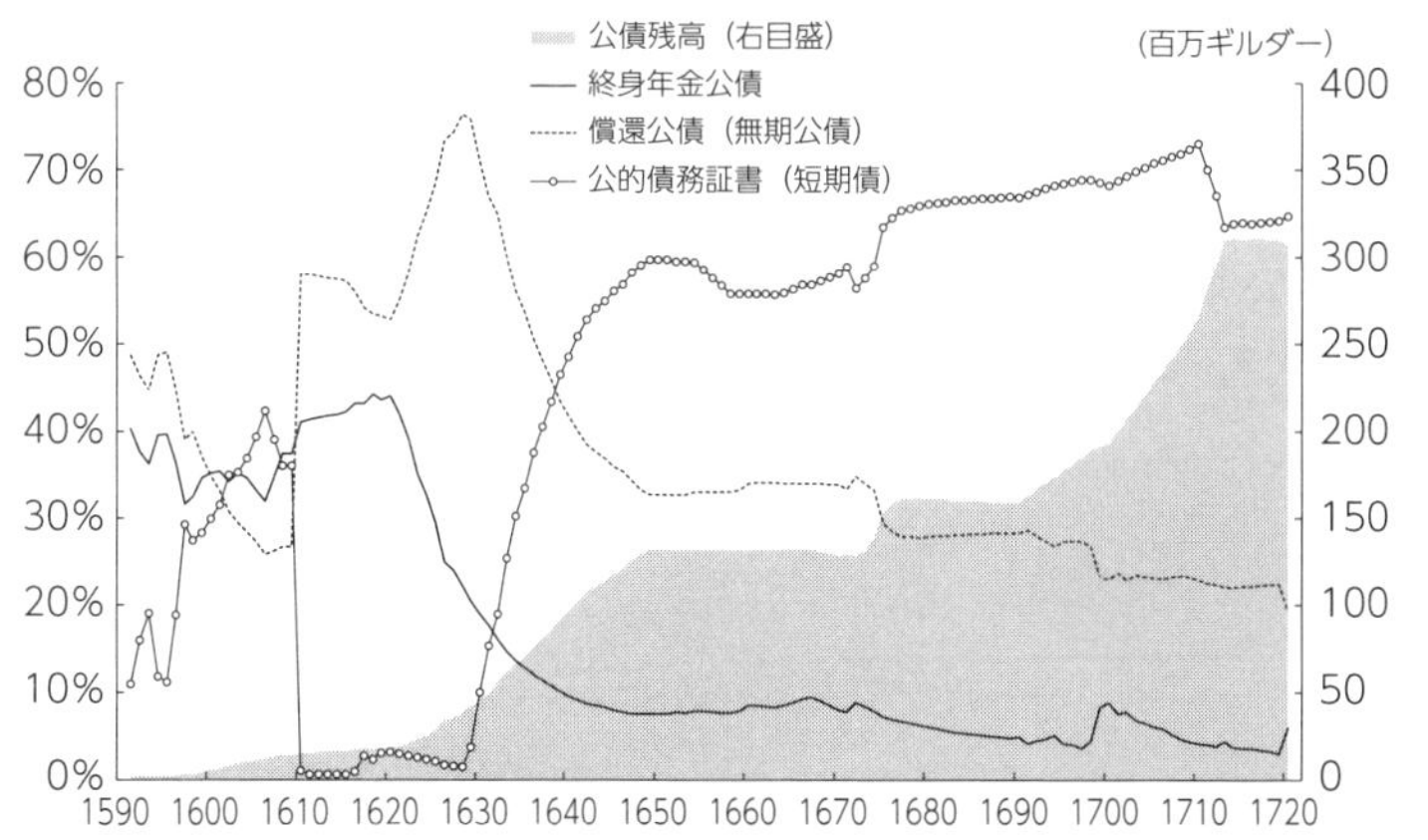

（出所）Gelderblom & Jonker（2011），Appendix Table 1A & 1Bのデータを基に著者作成。

難易度は高まった証左でもある。その後は一時的な利払いの停止や公債に対する課税強化にまで、財政状況の悪化が進んでしまうのであった。

◆オランダの低金利の背景とその維持要因

次に、そのオランダの金利推移を、各州や都市の金利推移から確認してみよう。*4 1600年のホラント州の償還公債（変動利付債）の金利水準は、$8\frac{1}{3}$%であったものの、スペイン艦隊を破った1606年には$7\frac{1}{7}$%まで低下し、さらにオランダ東インド会社（1602年設立：Verenigde Oost-Indische Compagnie：略称VOC）がジャワにバタヴィア市を建設した1620年頃には、$6\frac{1}{6}$%まで低下。永久年金は、ウェストファリア条約でオランダの独立が承認される1648年にかけての1640～49年に、既発行分も含めて5%で借り換えられ、1654～55年に4%で再度借り換えられ、その後も17世紀後半にかけて、急速に金利水準が低下した。

1672年には、$3\frac{3}{4}$%水準まで低下したものの、同年にルイ14世の軍隊がアムステルダムに接近したというニュースが伝えられると、$12\frac{1}{2}$%程度まで、金利が急上昇した。*5 しかし、この利回り急上昇（価格急落）も一時的であり、同年、同盟協定が締結されると4～$6\frac{1}{4}$%まで低下した。その後、17世紀のオランダでは、平和時には3%、戦時でも4～$6\frac{1}{4}$%で資金調達することが可能であり、18世紀にかけてのアムステルダム取引所では、2%もしくは$1\frac{3}{4}$%水

＊4　Barbour (1950), pp. 82-83参照。Gelderblom & Jonker (2011), pp.16-18では、ゴーダ (Gouda, 1600～1807年) とライデン (Leiden, 1670～1800年) での流通価格推移の図が記述されている。

＊5　アムステルダム取引所の国債価格水準は、30まで急下落している。

ルイ14世の肖像（リゴー画）

準まで低下したとの記録が残っており、16世紀のジェノヴァにおけるルオーギの配当割引金利1⅛%に次ぐ低水準を記録したのである。[＊6] その後18世紀に至っても、おおむね短期金利は2～3%、長期金利も共和国の発行する債券については、1¼～5%のレンジであり、18世紀の中庸に至るまでは、他地域対比での最低水準を維持していた。

ところで、政府債務が世界的に累増する現代の財政状態を考える際に、当時のオランダの金融（ダッチ・ファイナンス）の構造は、有用な含意を与えるのではないか。オランダは大国ではなかったものの、交易国家、資本輸出国として、自国内の金利水準が、他地域の金利水準よりも低かったという点で、20世紀末の日本と共通しているからである。18世紀には、経済および金融の中心はロンドンとなり、金融ハブとしての機能も、アムステルダムからロンドンへ移行した。それにもかかわらず18世紀を通して最低金利水準にあったのはオランダの公債であった点は注目に値するはず。覇権を握る英国よりもオランダの金利が低位で維持され、フランス革命後の1790年代になってやっと英国債の金利がオランダの公債金利を下回ったのである。

それでは、なぜ、覇権が英国に移行したにもかかわらず、オランダが最低金利国であり続けたのか。この要因は、4点に集約できるだろう。[＊7] 第1に、オランダの特徴として消費よりも貯蓄を指向する国民の倹約性向、第2に通商による膨大な利益獲得と蓄積、第3に政治と経済が融合し官民一体となった政策運営、そして第4に資金調達するための適切かつ効果的な機構（仕組み）が存在していたという点である。

＊6　Homer & Sylla (2005)、pp.126～128参照。

＊7　詳しくは、平山（2001）、163～164頁参照。

オランダ市民の倹約精神

第1に膨大な資本蓄積が中長期にわたり維持された背景として、オランダ市民の倹約精神が、蓄財に走らせた可能性が指摘されている[Column❸]。さらに、「浪費の罪悪を声高に叫ぶプロテスタンティズムが、オランダ経済に及ぼした」[*8]との指摘もある。当時の公債は、一般的にはごく一部の商人や銀行家といった少数の手に集中的に保有されていたが、「十七世紀のオランダ社会と周辺諸国との違いは、（分相応の）絵画や（若干の）公債を所有した大きな中間所得層の存在」[*9]であり、広く市民に公債が所有されていた。一部の富裕層に限らず富が保有され、さらに保有者が得る利子収入の相当部分が新規発行公債に再投資されたため、安定的な公債消化が可能になったのである。「高い貯蓄傾向は、浪費を妨げるカルヴァン的規範の伝統に由来するのかも知れないが、多くの公債保有者が誇る高い所得水準であれば、贅沢にふけりつつ投資に多額の資金を用意することも十分可能」であり、低金利下での公債投資を受け入れたのである。

利益の滞留と余剰資金

第2に、オランダは、英国と同じ通商国家であり、オランダ東イン

Column❸

17世紀のオランダ人は倹約家だった？

岡崎（1991）によれば、「オランダの興亡」の著者E.バーカーが、1667年から71年まで駐オランダ英国大使を務めたテンプルの言葉を引用して当時のオランダ人の気質を次のように表現しているとのこと。「全てのオランダ人には、節約とか金の始末とかいう習慣が深く根づいている。富というものは、消費する以上に収入があること――より正確にいえば、収入よりも少ない額を消費することによって生ずるものである。オランダ人の頭の中には、収入と支出の均衡という概念はない。もしそういう事態が起こったとしたならば、オランダ人はその1年間は無意味に過ごしてしまったと考えるであろう。」つまり、当時のオランダ人は、蓄財に勤しむ姿勢が顕著であったことが示されているのである。

ド会社およびオランダ西インド会社（１６２１年設立）などを主軸に交易による利益を獲得していった。しかし、英国があくまでも国内産業化による輸出中心の通商構造であるのに対して、オランダは中継貿易の拠点であり、国内での投資（資金）需要が盛り上がらなかったため、資金余剰が拡大した。英国のように産業化のための投資を必要とせず、オランダの国内で滞留する資金は、そのまま低金利の公債投資に甘んじなければならなかった。

財政悪化を嫌う官民一体となった政策運営

第３に、公債残高の増加だけではなく、政府や市民が増税を受け入れる経済合理性も持ち合わせた政策運営が行われていた点である。『大国の興亡』の著者ポール・ケネディは、「商人が政府に参加し、政治に目を光らせて、国家がたとえば株式会社と同じような金融原則にのっとって堅実に運営されるよう気を配っていたのである。したがって、議会には政府支出をまかなう増税を定期的に認めさせ、借入金の利子率を低く設定していたオランダで、債務返済に要する額が低かったのも当然であった[*10]」とオランダの政治体制について記している。

さらに「活発な金融活動がアムステルダムで展開されていたから、ユトレヒト同盟は手形清算や為替管理、信用供与などの面でおおいに国際的な信用を高めた。オランダには、財政赤字を長期的な借入れで埋めることを可能にする機構が成立していたし、それが全く正常だと認められる雰囲気があったわけである」とも記されている[*11]。

オランダ市民の税負担は大きく、「富裕層よりもむしろ中産層（Middle Class）が、より多

＊8　フリース、ワウデ（２００９）、１０５頁参照。

＊9　フリース、ワウデ（２００９）、１０４～１０５頁参照。

＊10　ケネディ（１９９３）、上巻１３０頁参照。

＊11　ケネディ（１９９３）、上巻１３０～１３１頁。

くの課税負担を負わされたにもかかわらずオランダが繁栄できた大きな理由は、貿易にかかる税金が少なかった」[*12]からである。オランダでは、官民一体となって政策運営を行うことで、適切な税負担による国の財政状態悪化を食い止めることが比較的容易であったのである。

公債の投資機会を提供し続けた戦争

第4に、第1の要因とも重なるが、利子生活者（ランティエ層）が「利子所得の多くを貯蓄し、それを同等の債券に再投資」するための公債が、相次ぐ戦争による軍事費の増加により増加し、公債の投資機会を提供し続けたことが挙げられる。

戦争という名の財政政策により、経済成長の失速を回避しつつも、急激な物価上昇が発生することはなく、金利の上昇を発生させなかった。この潤沢な資金は、円滑な財政資金調達の持続可能性を高めたことも、低金利の背景になったと考えうる。「民間部門への投資機会が減少したにもかかわらず、膨大な貯蓄が存在し続けたために生じた投資家選好が低金利の政府債務拡大という構造をもたらした」[*13]のである。戦時物資の供給難が生じるまでに、短期間での戦況悪化に至ることはなく、ある意味では身の程を弁《わきま》えた規模での戦争が、経済成長と低金利のバランスを保たせたと言えよう。

＊12　玉木（２０１２）、１２８頁参照。

＊13　Gelderblom & Jonker (2011), pp.2参照。

◆より高いリターン・金利を求めて動き始めたオランダ資本

しかし、ここで注意すべき点は、国内の投資機会が少なくなり、低リターン・低金利に甘んじなければいけない富裕層や一般大衆の投資行動が変化していったことである。国内に滞留していた資金は、染み出るように徐々に海外投資へと向けられ、特に18世紀には英国債への投資が増加する。「１６９２年から英国は議会制定法に基づき特定租税収入を担保とする公債の発行を開始したが、当初こそ英国の信用を低くみて応募は少なかったが、94年、96年のものではかなりの部分がオランダ人に消化された。また、東インド会社、南海公社、イングランド銀行の株式への投資も人気があった[*14]」とあるように、海外での投資機会が拡がるにつれて、オランダ国内の資金は、より高いリターン・金利を求めて動き始めたのである。

この過程でオランダの金利水準は、資金流出に伴い急上昇することはなかったものの、徐々に英蘭間の金利差は縮小していった。「オランダは技術、資本、人々の活力を持って海外に直接投資をしていった。しかし、それはやがて技術と活力を失って、資本だけの輸出となっていくのである。それをつかさどったのが債券というインスツルメント[*15]」であり、金利差という魅力が、オランダの低金利を徐々に変えていった。

＊14　高橋（１９９０）、１６６頁参照。

＊15　高橋（１９９０）、１６４頁参照。

◆20世紀後半以降の日本と18世紀オランダが近似している？

ここで気になるのは、18世紀にかけてのオランダの低金利を支えた、資金循環の構図と、20世紀後半以降の日本の構図が近似している点である。わが国にあっても、オランダと同じように政府の低利調達を支える4つの仕組みが存在していたのである。歴史的な経緯も含めて説明すると次のようになる。戦後の証券民主化運動により一時的に高まった株式投資熱も、ドッジ・ラインによるデフレ政策が株式大暴落につながり、せっかく広がった株式保有に対する拒絶反応を国民に浸透させてしまったのである。株式下落による損失は、「羹《あつもの》に懲《こ》りて膾《なます》を吹く」ように国民を株式投資から遠ざけたと言えよう。その後20世紀後半には、比較的預貯金金利がインフレ率を上回る期間が長かったこともあり、日本の貯蓄信仰を不動のものにした。

日本国民のリスク回避的な貯蓄指向は、戦後に形成されたものである点には注意が必要であるが、[*16] 家計の資金は金融機関等の預貯金に集中したのである。特に郵便局の定額貯金等による資金吸収は、間接的に国債投資や財政投融資制度に組み込まれ、政府資金調達の一翼を担い、国債利回りの安定に寄与した。これは、オランダの国民の倹約性向、貯蓄性向の高さとの共通点でもある。わが国の金融機関等を介した国債への間接投資システムは、オランダの公的債務証書、償還公債、終身年金公債という仕組みとも重なる。円滑に国民の資金が政府の資金調達に循環する仕組みが機能したという点でも共通しているのである。

また、日本の高度成長期には、加工貿易を主軸にした貿易黒字が蓄積され、累積経常黒字国

＊16　リスク回避的な姿勢は、数百年にわたり歴史的に積み上げられてきたわが国の国民性であると思われがちだが、戦後の証券民主化後のショックの影響が特に大きいと考えられる。

となっていった点は、オランダの交易による膨大な利益と蓄積に重なる。また、政界と財界が協力して経済大国になるための産業政策を運営した日本の戦後経済政策は、主たるオランダ商人が共和国の中心者となり官民一体の政策が運営された点でも類似している。

このように、オランダの低金利の背景となった事象が、わが国の20世紀後半の経済システムと重なって見えるのは偶然とばかりは言っていられない。この構図が続くならば、低金利環境の追い風になるものの、国民の外債投資や外国株式投資の活発化の動きは、揺るぎないはずの日本国債への資金流入に変化をもたらす可能性もある点には注意が必要である。18世紀にかけて、オランダ投資家の資金が、低金利を背景に自国の公債市場から染み出るように英国債へと移っていき、やがてオランダの長期金利が英国の長期金利を上回るまで上昇しているからである。現代は、グローバル市場における資金移動の時間軸も短くなっていることからも、18世紀のオランダでおこった１００年間にわたるゆっくりとした資金の流出が、より短い期間で発生することも否定できないだろう。*17

17世紀から18世紀にかけてオランダが経験した低金利の背景は、これまでのわが国の状況と近似していたものの、民間資金の海外投資トレンドの強まり、団塊世代の退職に伴う貯蓄資金の消費化などから考えると、変化の兆しが垣間みられる。１９７０～80年代の高金利への移行ということは考えにくいが、他地域の金利との格差は縮小していく可能性は否定できない環境になりつつある点は注視しておきたいものである。

＊17　２０１３年以降の日本銀行による異次元金融緩和およびその正常化により、平山（２００１）で想定していたわが国の民間資金の国内滞留に変化の萌芽がみられる。

13 バブル後に資金が集中した国債？市場に優しい政府資金調達

◆低金利を背景に生じた2つのバブル

17世紀の欧州は、戦乱の世紀であり、本来であれば政府信用が低下し、金利水準も上昇基調で推移したはずだったが、おおむね金利は低下基調で推移した。オランダをはじめとする膨大な余剰資金が、限られた民間部門の投資機会から締め出され、公債の買い付けに回らざるを得なかったため、公債の利回りが低下したのである。18世紀に至っても、この動きは継続し英国やフランスの国債利回りも低下基調で推移した。

この低金利を背景に生じたのが、英国とフランスのバブルであった。奇しくも同じ1720年に英国の南海バブルと、フランスのミシシッピー・バブルが金融市場を揺るがしたのである。ガルブレイスは、「二都の物語に共通するものは、自分の利益しか眼中にない幻想と楽観主義とから生まれた狂気に他ならない」[*18]と記しているように、いつの時代にあっても人々の楽観

*18 ガルブレイス（1991）、67頁参照。

は行き過ぎるものであることが確認できよう。

１７１９年の英国の長期国債利回りは４％まで低下しており、フランスの長期国債利回りも１７１３～１７１５年に４％まで低下し、さらにミシシッピー・ブームの１７２０年には２～２・５％まで低下していたことから理解できるように、低金利により資金調達がしやすい環境下でバブルが生じたのは17世紀のオランダにおけるチューリップバブルと同じであった。

英国の南海バブル

第１に英国であるが、１６９２年以前の英国では、王室・政府の借入れは、公債といった定型化されたものではなく、必要な都度、将来徴収する予定の特定租税等を担保にして借り入れていた。しかし18世紀になると、少数の大口投資家が、政府と一体となって公債の永久債化と低利借り換えを推進するようになる。この大口投資家とは、イングランド銀行（１６９４年設立）、東インド会社（１６９８年に新東インド会社として設立され、１７０２年に１６００年に特許を与えられた旧東インド会社と統合）、南海会社（１７１１年設立）という３大特権会

図表３-２　1720年のバブル

（出所）Frehen, Rik, William N. Goetzmann, and K. Geert Rouwenhorst. “South Sea Bubble 1720 Project” (database). Yale University School of Management, International Center for Finance, 2013. http://som.yale.edu/faculty-research/ our-centers-initiatives/ international-center-finance/data/historical-southseasbubble (accessed July 17, 2023). のデータを基に著者作成。

社である。

これらの3大特権会社の共通項は、政府から特権を付与され、その見返りに巨額の資金供給を政府に対して実施するという点であり、その特権に対する将来の業績期待が盛り上がる時期には、特権会社の株価は加速的に上昇した。その1つが、南海会社の株価バブル（南海バブル）である（**図表3-2**参照）。南海会社の株価は、1720年1月から同年7月にかけて7倍超になり、その後5か月弱の期間で6分の1まで下落しており、バブルの形成と崩壊が短期間に発生していたことが確認できる。[*19]

この南海バブルの崩壊は、投資家のリスク回避姿勢を生み出し、一世紀以上の期間にわたり、安定的資産運用手段としての国債市場に資金が流入し続けるきっかけともなった。資産運用の中心は、一時的にキャピタル・ゲインを求める株式投資に吸い寄せられたものの、バブル崩壊後は確定利付債投資に回帰したわけである。[*20]

フランスのミシシッピー・バブル

第2に、18世紀のフランスは、強大な軍隊を保持するために、財政負担が重くのしかかり、王室の財政赤字は恒常化していた。放漫財政によりベルサイユ宮殿を造った「太陽王」ルイ14世死後に治世の中心となったオルレアン公フィリップは、破綻寸前の国家財政を立て直すためにジョン・ロー（John Law）の策を採用したのが、ミシシッピー・バブルのきっかけであった。

*19 Frehen, R., Goetzmann, W. N. and Rouwenhorst, K. G. (2013) 参照。

*20 しかし、永久債であるコンソル債の価格変動率は決して低くはなかった。特に1790年代には金利上昇により、時価は半額程度になることもあった。

オルレアン公フィリップ（1674～1723）

ローは、１７１６年5月に銀行（バンク・ジェネラール（Banque générale）、１７１８年12月にバンク・ロワイヤル（Banque royale）になる）を設立するとともに、特権会社であるミシシッピー会社をも設立し、大掛かりな仕組み（システム）を構築した。この仕組みは、当時の膨大な国債残高を圧縮する仕組みと景気対策、そしてペーパーマネー（銀行券）導入により投資家の期待感を高めるものであった。

まず、様々な特権を与えられたローの銀行の株式発行にあたっては、その株式購入にあたって、硬貨25％と国債75％で払い込むことが可能であった。国家財政破綻の危機から大幅に割り引かれていた国債での払込みが可能であったため、硬貨１００％での払込みに比べ魅力が高まり、投資家が殺到したのである。投資家は、流通市場で安価の国債を購入して株式払込を行ったため、国債価格が上昇し（最終的に利回りは2％台まで低下し）、累増した王室債務の吸収に成功したのであった。*21

次に、設立したミシシッピー会社は、北米大陸のルイジアナに存在する金鉱を探索する特権（米国大陸との貿易独占権等）が与えられ、高配当期待（配当予想利回り40％）から株価が上昇した。ミシシッピー会社の新株払込みも国債で行われたため、国債価格は額面の20％から実に88％まで上昇したのである。

さらにローの銀行は、銀行券を発行する許可を受け、保有者が望めば硬貨と交換することができる建前で紙幣を発行した。政府は、税金納付の際に、この銀行券で払い込むことを認めたため、利便性（重い硬貨よりも持ち運びに便利）の観点からプレミアムが付与され人気を呼ん

ジョン・ロー（１６７１〜１７２９）

*21　ラース・トゥヴェーデ（１９９８）によれば、ルイ14世時代に発行された国債は、国家財政破綻の危機から額面の20％前後の時価で取引されており、投資家は、国債を市場で額面の20％の価格で購入して、株式払込金の75％をこの国債で払い込むことになる。硬貨25％＋国債75％×20％＝40％分の硬貨で株式が購入可能だったため、投資スキームだけを見ても非常に有利な投資物件であった。

だのである。兌換（交換）の裏付け（担保）になる硬貨（貴金属）の保有義務は公開されていなかったため、紙幣は無尽蔵に増発可能であった。1717年には金貨との交換比率が1：1.15までプレミアムが付与された。紙幣を保有するだけで、その価値が増殖したため人気を博したのである。

この紙幣の増発により、ミシシッピー会社の相次ぐ増資は成功し、株価上昇期待がますます高まることになった。つまり、国債利回り低下（政府債務懸念の払拭）、株価上昇期待、紙幣増発による民間資金調達の好転が、期待・楽観のスパイラルを演出し、自己実現的に拡張したのである。

一時的なフランス国債利回りの低下に寄与したミシシッピー・バブルではあったが、株主達に、ミシシッピーの開発に行ったはずの人間がフランスに留まっていたことに気づかれてしまう。ミシシッピー会社の株主達は、不安に駆られ、最終的にミシシッピー会社の株式は、売りが売りを呼ぶ崩壊の逆回転により暴落してしまう。[*22] 国営バブル企業の崩壊は、長きにわたり政府の施策に対する不信感を、投資家たちに植え付けてしまった。しかしその後、両国のバブルの事例は、投資家にとって違うイメージを形成する。「一般的には、イギリスでは議会が国債の償還を保証したのに対し、絶対王政下のフランスでは、そのような補償が欠如していた」[*23] こともあり、18世紀にかけての国債利回りの推移に大きな影響を与えたのである。英国コンソル債とフランス・レンテス債の金利差を見たときに、18世紀の初頭は、ほぼ同水準であった英仏金利も、18世紀半ばには、フランスの金利が英国の金利を2％程度上回るというスプレッドが

*22 Frehen, R., Goetzmann, W. N. and Rouwenhorst, K. G. (2013) によれば、ミシシッピー会社の株価は、1719年7月から1720年1月にかけて12倍超になり、その後9か月強の期間で3分の1まで下落した。

*23 玉木（2012）、140頁参照。

*24 おおむね、ミシシッピー・バブルの頂点を迎えた1720年に、フランス・レンテス債利回りは、2・0～2・5％まで低下するものの18世紀半ばには英国コンソル債が3％であったのに対しフランス・レンテス債は5％という水準まで上昇する。

常態化したのである。*24

◆バブル後に短絡的インフレ政策を採用したフランスに学ぶべきこと

また、２つのバブル後の１７５１年に英国では、永久に一定額の利子が支払われるコンソル債が、償還財源の異なる各種の政府債務証券を統合し、２つの銘柄として発行された。第14節でも詳述するように、発行額の大きい銘柄は、市場の指標銘柄として多くの投資家に注目され、売買高も増えたため、流動性の高い銘柄として人気化したのである。18世紀を通してオランダの投資家の資金は、フランスではなく英国に向かったのも、英国の長期金利の指標を構築して、売買可能性を高めた英国に対して、インフレ政策を採用して国家財政赤字圧縮を図ったフランス政府の対応格差に着目したと考えることも可能であろう。

その後、フランスの政府債務残高は増大し、１７７４〜１７８９年の15年間で3倍になり、巨額なる政府債務残高に押しつぶされる形で資金調達が困難になった。混迷するフランス社会は、１７８５年には飢饉を、１７８７年には産業界の不景気を経験し、１７８９年にはついにフランス革命に至るのであった。フランス王室は、政府債務の調達のために高い金利を支払わざるを得なくなり、かえって、将来の潜在的財政赤字を増加させてしまったと言える。

ここで重要なのは、18世紀だけでなく19世紀にも、この関係が続いたという点である。**図表3-3**に示すように、19世紀にも英国コンソル債とフランス・レンテス債のスプレッドが拡いたままの状況が続いたのである。19世紀初頭のフランス革命時のスプレッドの拡大は肯けるが、19世紀前半を通して、持続的にフランス国債の利回りが英国債を上回り続けたところに、財政赤字の削減を急速に実施するという短期的な視野に基づく一種の調整インフレ政策（ジョン・ローの施策）が、国家百年の大計を狂わせる淵源になった証左が浮かび上がる。

投資家の脳裏に植え付けられた意図的なバブルの創造という「裏切り」のイメージは、なかなか癒されることはなかった。現在、わが国の国家財政に関して、多くの識者・市場参加者によって悲観的な意見が目立ち、抜本的改革が叫ばれているが、短絡的な解決策に求めることは避けねばならないのかもしれない。

図表3-3　19世紀前半の英仏永久債利回り

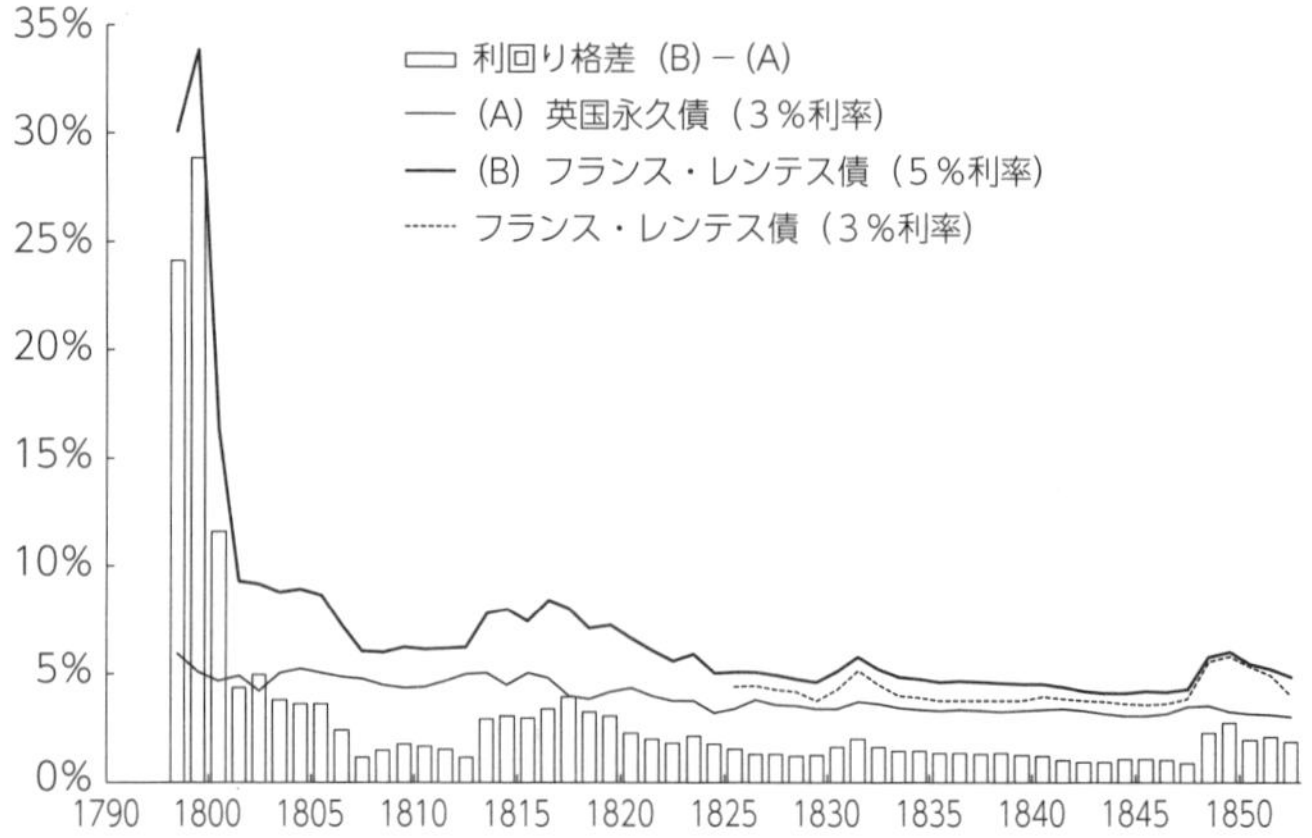

（出所）Homer & Sylla（2005），pp.157-158, pp.192-194, pp.217-218.のデータを基に著者作成。

14 英国の徹底した国債管理政策

◆なぜ英国は200年にもわたり低金利を維持できたのか

英国は、18世紀の初頭こそ8％を超える高い国債利回りの時代もあったが、その後約200年間にわたり他地域よりも低い金利水準を保ち続けることができた。資金調達コストの低さは、円滑な経済運営に追い風になるため、政府は極力、国債利回りを低位で安定させたいと願うはずである。なぜ英国は18世紀半ば以降、国債利回りの抑制に成功できたのであろうか。この謎の答えを握るキーワードは、「国債管理政策」である。英国政府は、王室による財政支配の仕組みを名誉革命による「権利章典」により、議会主導の財政管理システムへの転換を図ったのである。「18世紀初頭の数十年間で、英国はイタリアの銀行技術とオランダの資金調達の原理を改良して取り入れた。ロンドンは商業的利益と国益のために、多くの人々の貯蓄を動員する方法を学んだ」[*25]のであった。

＊25　Homer & Sylla(2005), pp.145参照。

具体的には、イタリア諸都市群、アントワープ、そしてアムステルダムでの国際通貨システムを発展的に受け入れる形で、振替決済インフラが導入されるとともに、王室への信用に裏付けられた国債が、17世紀末には、英国議会と国民の信用に裏付けられた国債へと転換されたのであった。従来より金細工商であった貨幣取扱業者・ゴールドスミス（金匠・goldsmith）が手形決済を伝統的に担ってきたが、その基盤を、17世紀末に設立されたイングランド銀行に受け継ぎ[*26]、国際金融都市としての地位を確立したため、低利調達にとっても都合がよかった。それに加えて、単に王室が戦時に場当たり的に借金をするのではなく、より戦略的に議会主導で債務の調達手法を工夫したのである。具体的には、有期債から永久債への転換や低利借換えが[*27]、少数の大手投資家が支配する中で実施されていたのである。

◆有期債の永久債への転換

まず有期債の永久債への転換であるが、両者を比較した場合に、調達者の立場から言えば、有期債は、返済期限に元本相当分を再調達しなければならないため（借換えリスク）、永久債による調達の方が優れる。このメリットを意識して、英国政府は、1714年以降、政府の新規借入れは通常、永久債を発行するようになった。もちろんこれは、調達者側の論理であるため、投資家の反発を惹起させないような工夫が必要であったはずである。必ずしも、投資家は有期債よりも永久債を好むとは限らないからである。ただし当時の英国国債は、少数の大手投

＊26　金井（2023）、138〜141頁参照。

＊27　正確には、短期債や途中償還不可能な有期債（その多くが99年長期年金公債・非償還債）から途中償還可能な永久債（無期債・償還債）へ転換された。

資家である第13節で示した３大特権会社により集中的に保有されていた。そもそも政府と関係が深いこれらの会社の場合は、政府と一蓮托生であったこともあり、容易に理解を得ることが可能であったのである。

◆低利借換え

次に、低利借換えは、一般に金利水準が低下した場合に、額面での償還が実施されれば、投資家は損失を被ることになる。金利低下とともにそれだけ市場価格が上昇し、オーバーパー（償還価格以上）になっているからである。そこで、特権会社は、実質的な低利借換えとして、追加的に政府に対して無利子で資金を貸し付けたのである。これは、実質的な利率の引き下げであった。*28

このとき、投資家からの信用を維持するために、ウォルポール（Robert Walpole）大蔵大臣は、１７１７年に低利借換えによる金利節約分を原資に減債基金を設定する。減債基金制度の導入は、投資家にとっては政府債務残高の増加を意図的に発行者である政府が抑制していこうとする意欲の現れであり、その分、デフォルト・リスクを低下させる効果を投資家に認識させ、英国政府の信用力を高めることに貢献した。

なお、政府－特権会社複合体とも呼ぶべき国債消化システムは、利払いと特権付与を天秤にかけて、トータル・リターンとしてのメリットとデメリットが斟酌されたと言ってもよいだろ

*28　１７０９年、イングランド銀行は40万ポンドを無利子で政府に貸し出した。これは、債務利率が実質的に８％から６％に引き下げられたことを意味する。また、同様に１７０８年には、東インド会社は１２０万ポンドの追加貸付により実質的に債務利率が８％から５％に引き下げられた。

ロバート・ウォルポール（１６７６～１７４５）

う。国債利回りの水準以外の政治的要素が多分に含まれる国債流通市場ではあったが、1710年代末の国債利回りは4％程度まで低下した。つまり18世紀初頭までの英国政府の資金調達は、一部の資金供給組織を経由して実施され、大衆から広範囲に募集したものではなく、その資金供給の見返りに特権が付与されていたこともあり、低金利化が達成されたのである。

◆南海泡沫（バブル）事件とフィナンシャル・リボルーション

しかし、1720年6月にかけて3大特権会社の1つである南海会社の株価は、南アメリカ貿易の独占権の期待感が期待感を生み、短期間で急上昇するバブルを演じたが、その後数か月で大暴落するバブル崩壊が発生してしまう（第13節参照）。同社の投資家による株式購入代金は、英国国債で支払うことになっており、同社に特権を付与することにより市中の国債を南海会社株式に転換するという仕組みであったため、「諸会社による対国家金融という政策は信用を失い、その後の債務構成の展開が、公衆から直接貨幣を調達する方法に次第に展望を与えたのであった」[*29]。そこで、政府は、国債の消化を、特定の大手機関に頼るのではなく、海外も含めた広汎な投資家へと分散する方針に転換したのである。

いわゆる英国のフィナンシャル・リボルーション（金融革命）であり、長期的な政府資金調達の基盤を整備した点で、フランスとは異なる路線を歩むことになる。英国政府は、富籤（くじ）や年金といった一般投資家が好むオプションの付与、現在の国債引受シンジゲート団に相

南海泡沫（バブル）事件

*29　ハーグリーヴズ（1987）、16頁参照。

当する割当請負制度の採用、国債の流動性の確保策といった工夫を図った。特筆すべき点は、主たる消化先である英国国債投資家の中には、海外投資家も含まれていたという点である。当時の余剰資金保有者の代表例がオランダ人であることからも理解できるように、オランダからの英国国債投資は、南海バブル事件から四半世紀で格段に拡大する。１７２３～１７２４年には、英国国債の９％がオランダを中心とする海外投資家（スイス、アイルランド、ドイツ人等を含む）により保有されていたものの、１７５０年には15％弱まで上昇したのである。[*30]

さらに、英国政府は、多種多様な形態で発行され、商品性が統一されていなかった国債を画一化し、売買が容易になるような工夫をした。それまでは、国債の担保として割り当てられた歳入源（税金等）がまちまちであり、各種各様であったため、投資家は購入する国債の内容をその都度十分に吟味する必要があった。また売却の際にも、条件が合う買い手を見つけるのに骨が折れるといった不便さがあった。この不便さを克服し、売買が成立しやすくすることを通して流動性を確保するために、国債商品の画一化を諮ったのである。具体的には、各種の国債を、レデュースト債（１７５０年・利下げ公債）とコンソル債（１７５１年）へと整理統合した。オーストリア継承戦争後、異なった歳入源を担保にしていた多くの旧公債は、大別してこれら二種類の３％利率公債へと統合されたのである。この巨額の資金調達能力を持つ国債は、特定の税収入ではなく、政府の統合歳入を担保とし、利子は定期的に支払われた[*31]ため、当時の投資家にとっては、土地についで最も安全で流動性の高い資産運用対象となり、当時の投資家のみならず資金調達者である英国政府にも貢献したのである。

＊30　宮田（１９９５）、24～25頁参照。オランダ人の保有は、海外投資家のうち77・8％であり、英国国債の約12％はオランダ人が保有していたことになる。

＊31　１７６０年以降はコンソル債やレデュースト債の利払いに、減債基金の資金を流用したため利払いが安定する。減債基金収入の4割弱は、コンソル債やレデュースト債の利払いに流用されていた。

以上のように、南海バブル崩壊などの混乱があったものの、少数の限られた投資家に依存するのではなく、海外も含む多くの投資家から支持されるように調達管理のブラッシュアップを図り、低利調達の伝統を築いたのが英国であった。市場に優しい国債管理政策は、短期的には手間がかかり政府の発行コストが上昇するかもしれないが、長期的に低利調達を可能にする国家百年の大計として、末永く財政に貢献したのである。

15 19・20世紀の英国の成否は？政府債務拡大の乗り越え方

◆政府債務の拡大と国債利回り

英国にとって、18世紀がスペイン継承戦争、オーストリア継承戦争、七年戦争、アメリカ独立戦争などが相次ぐ戦争の世紀だったのに対して、19世紀は、対仏戦争を除くと平和の世紀となった。英国財政は、主に軍事費の負担により、19世紀初頭にかけて政府債務の対ＧＤＰ比率が上昇し、その後20世紀初頭に至るまでは同比率が低下している。この比率は、政府債務が経済規模に対してどの程度の比率に相当するのかを示すものであり、国の財政状態の健全性を示す指標である。一般に、この比率が高まれば、健全性が悪化していることになり、低下していれば健全性が取り戻されていることを示す。

国債を発行する政府の健全性は、その国債の元本が円滑に償還され、その利払いが滞りなく支払われ続ける信用度を左右するはずである。政府債務が想定以上に増加し、対ＧＤＰ比率が上昇している場合には、投資家は高まる信用リスクに備えるため、その国債への投資を控えようとするだろう。もしくは、より高い利回りでなければ、その高まるリスクに見合わないと考えるため、国債利回りには上昇圧力がはたらく。逆に、政府債務が減少していくならば、国債利回りには低下圧力がはたらくはずである。本節では、この関係に着目して、英国の歴史的事例を基に政府債務拡大と、国債利回りの安定について整理してみたい。

◆18・19世紀までの戦乱下の国債利回りの上昇

1700年に20％弱であった同比率は、戦費の累積により1822年には194％まで上昇した。18世紀末には、国債利回りにも上昇圧力がはたらき、3％弱から6％程度まで上昇している。1770年代後半はアメリカ独立戦争による利回り上昇が発生し、その終息とともに落ち着きを取り戻したが、1790年代は、フランス革命から、欧州中が混乱に落とし込まれた。対仏戦争の開始とともに、政府の資金調達にも困難が伴うようになったと考えられよう。

一方、英政府債務の対GDP比率は、1822年の194％をピー

図表3-4　英政府債務対GDP比率と国債利回り（%）

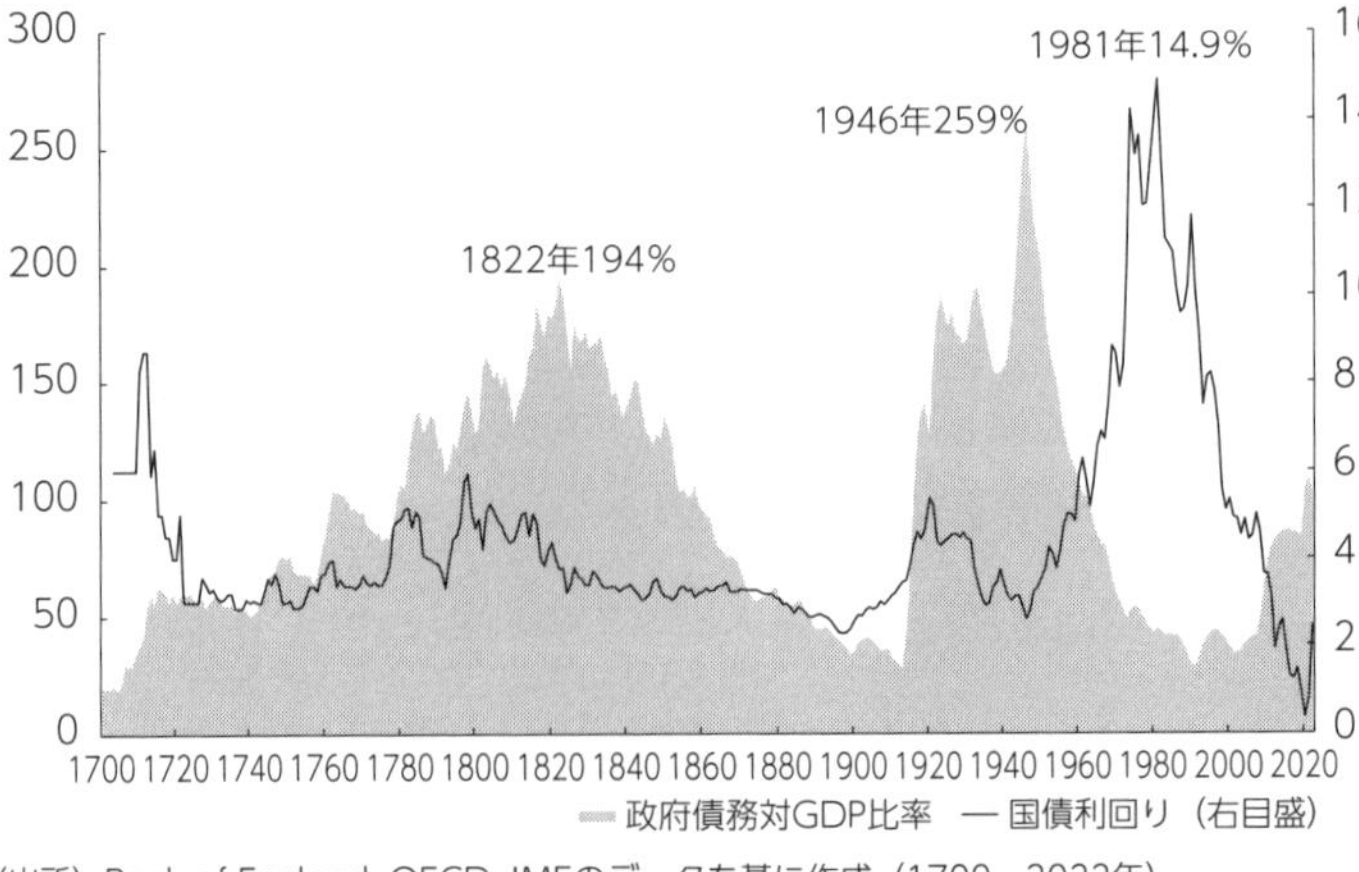

（出所）Bank of England, OECD, IMFのデータを基に作成（1700～2022年）。

クに、対仏戦争前後を挟んで、増加から一転減少へとそのトレンドを反転させている（図表3-4参照）。戦争と平和が大きく政府債務残高に影響を与えていたと言ってよいだろう。

◆戦費が抑制された19世紀の国債利回りの低下

その後、戦争の発生頻度が著しく低下し、戦費の抑制が可能となり、政府の資金調達ニーズが低下したため、国債残高の増加ペースも鈍化する。逆に、民間部門の投資意欲が強まり、株式市場を介した資金調達ニーズや、海外での資金調達ニーズが高まることで、資金調達の主役が英国政府から民間部門や海外部門に移行することになった。その結果、対仏戦争期に上昇した国債利回り（コンソル債利回り）は、19世紀前半に5％台から3％台まで低下し、その後約半世紀にわたり、3％台前半でのレンジで推移した。このことは、低金利の継続による政府の利払い負担削減にも貢献したのは言うまでもない。さらに19世紀の英国の人口増加率（年率）が、1％を上回り、18世紀および20世紀の2倍を上回るペースで人口が増加したため、1人当たりの政府債務が減額され、英国の政府債務のＧＤＰ比率は、第1次世界大戦前の1913年の28％まで趨勢的に低下した。つまり、英国は、平和、技術革新、低金利、人口増加といった要因が重なり、19世紀には健全な経路で、政府債務の負担が解消されたのであった。これは、英国の健全な「19世紀型の政府債務解消」と表現してもよいだろう。

◆再び国債利回りが上昇に転じた第1次・第2次大戦期

しかし20世紀の英国は、様相を異にする。第1次世界大戦から戦間期にかけては、政府債務残高が急増し、さらに第2次世界大戦終結時の1946年には、対GDP比率が259%まで上昇し、国際関係悪化に大きく影響を受けているのがうかがわれる。19世紀には、平和の時代を謳歌するように政府債務の問題を解決したかに見えた英国も、20世紀は、再び政府債務の増大に悩まされるようになったと言えよう。

さらに第2次世界大戦後の英国は、戦費に代わり社会福祉に資金が投じられることで、財政悪化懸念が膨らんだ。世界的なインフレ率の上昇から国債利回りも1970年代に急速に上昇したため、利払い負担も急増したのである。平和は取り戻したものの、人口増加率が低下する中、高金利、社会福祉負担増大という19世紀とは好対照な状況に陥ったと言えよう。

◆意図せざる「20世紀型の政府債務解消」

しかし、不思議なことに政府債務の対GDP比率は、1990年代初頭に28%程度まで低下している。この理由は、インフレーションによる債務の実質負担減であった。19世紀は、物価が安定したディスインフレーション時代であったのに対して、戦後から1980年にかけては、平均して6%を上回るインフレーションの時代だった。GDPは、特にインフレーションの時代には、物価上昇分の影響で拡大するものの、過去の政府債務額は、インフレーションが激しくなっても変化しないため、ＧＤＰに対する債務比率は低下したのである。

過去に確定した債務額は、インフレーションが激しくなったとしても、それに応じて引き上げられることはないが、現在および将来のＧＤＰはインフレーションの影響を受けるのである。この20世紀の政府債務の対ＧＤＰ比率の低下は、19世紀とは異なり、インフレーションによる実質的な債務圧縮であり、技術革新や人口増加率の上昇に裏付けられているわけではなかった。そのため、政府債務の対ＧＤＰ比率は低下したものの、19世紀とは異なり対米ドルで英ポンドが下落し、国債投資家の利益や国民の富を大きく損なう結果に至るのであった。これは、意図せざる「20世紀型の政府債務解消」と表現してもよいだろう。

２０２０年代にかけて、各国政府の債務残高は対ＧＤＰで高まっているが、国富を損なう「20世紀型の政府債務解消」は回避したいところではある。しかし、人口増加率の低下が見通される中で、技術革新による「19世紀型の政府債務解消」を目指すことは、狭き道であることもまた事実かもしれない。

第4章

覇権国家・米国の国債管理

16 一様ではなかった米国イールドカーブ形状

◆市場参加者の思惑によって変わる利回り

債券市場では、多様な市場参加者が国債などを売り買いする中で、利回り水準が決められていく。景気やインフレ動向についての将来予測に基づき、市場参加者が描く相場観が時々刻々と変化していくため、その時点での多くの人々が懐く経済実態を反映していく。それだけに、市場は重要な決定場と言ってよいだろう。

この決定を左右する市場参加者の相場観として、まず思い浮かぶのは、単純に金利水準全体が上昇するのか、低下するのかといった方向感の予測である。世間では、「金利はあまりにも低くなっているから、いずれ上昇するであろう」、「国債の大量発行により、市場が消化しきれなくなり、金利は上昇する」といった金利の上下観は、この部類に分類される。

◆世界中が注目するイールドカーブの形状

この他の相場観としては、イールドカーブの予測も注目されている。イールドカーブとは、期間ごとに金利を点描した利回り曲線のことを意味するが、世界的に大きく形状が変化しているため、市場参加者の関心も高まっているのである。

特に、日本銀行は、２０１６年9月20日、21日の政策委員会・金融政策決定会合において、「長短金利操作付き量的・質的金融緩和」を導入し、金融市場調節によって長短金利の操作を行うイールドカーブ・コントロールを実施するようになり、イールドカーブの予測が大いに注目されるようになった。日本銀行の政策が短期金利だけでなく長期金利も対象にしているため、全体的な金利の方向感だけでなく、期間毎の金利がどのように変化するのかに焦点が当たるようになったのである。

たとえば、横軸に償還日までの期間、縦軸には横軸の期間に対応する利回り（金利水準）を点描するとイールドカーブが描ける。この線は、おおむねなだらかな曲線として描ける。これらの金利は、償還までの期間により、一様に同方向・同幅変動するとは限らない。期間に応じた金利変動の違いを予測するのが、イールドカーブ予測である。大まかにこの期間を分類すると、短期（償還までの期間が1～3年）、中期（償還までの期間が3～7年）、長期（償還までの期間が7～11年）、超長期（償還までの期間が11年超）に区分される（それぞれの期間に応じた債券を短期債、中期債、長期債、超長期債と呼ぶ）。国債のイールドカーブが逆イールド形状（短期金利よりも長期金利が低い形状）になると、株式・金融市場は混乱する傾向があると考えられているため、一部の債券市場参加者だけが関心を持つものではなく、個人投資家も含めて世界中の人々が注目している。

◆中央銀行による金融政策の影響

ところで、われわれは、原則としてイールドカーブは順イールド形状（短期金利よりも長期金利が高い形状）が標準状態であると考えている。経済学の教科書を繙いてみても、流動性プレミアム仮説（満期までの期間が長いほど流動性を失う度合いが大きいので、その分金利が高くなるという仮説）や特定期間選好仮説（長期・短期で需要要因が異なり、一般的に長期市場では短期市場よりも資金需要が多くなるという仮説）が有力であったのは記憶に新しい。これらの仮説に従えば、逆イールド形状（短期金利よりも長期金利が低い形状）を否定せざるを得なくなるため、近年では現実に即して期待理論（長期債保有と短期債保有の期待値は等しいとする仮説）の説明力が高くなっている。これは、将来の短期金利上昇が予想される場合には順イールドに、将来の短期金利低下が予想される場合には逆イールドになりやすいというものだ。期待理論に従えば、逆イールド形状は、経済状況の悪さから将来短期金利を引き下げざるを得なくなるため、長期金利が相対的に低くなっていることを意味する。たまに発生する逆イールドは、金融引き締め政策により短期金利が過剰に高くなり将来の景気悪化を示唆することから、株式市場の下落予兆であるとされてきた。長短金利差の逆転は、不吉な状況を予感させるシグナルとして、金融市場では嫌われてきたのである。順イールドが常識化しているだけに、長短金利の逆転が象徴的な出来事として注目されるのである。

◆1900年代まで珍しくなかった逆イールド

しかし、現在の中央銀行が積極的に金融政策を駆使する以前は、この順イールド形状は一般的ではなかった点を忘れてはいけない。まず特権会社としてイングランド銀行が創設されたのは１６９４年であったが、時代を経て手形市場をコントロール下に置くことにより、流動性を管理するようになった。イングランド銀行は、１８３３年に銀行条例が発布され、銀行券が法貨になるタイミングで、柔軟に金利自体の調整をすることが可能になり、流動性供給という量的調整に加え、金利水準自体に影響を及ぼすようになる。この19世紀の英国の長短金利差を確認すると現在とは異なる状態にあったことに驚くだろう。データ制約から、現在のように２年国債利回りと10年国債利回りの比較は難しいが、バンクレート（短期金利）とコンソル債（長期金利）の利回り格差を見てみよう。英長短金利差の平均は、１８００年代から１９２０年代まで短期金利＞長期金利（逆イールド）になっており、短期金利＜長期金利（順イールド）の年は１３０年のうち31年（24％）にすぎない。その後、金本位制停止後の戦間期以降になってはじめて、順イールドが常態化しているが、現代的な中央銀行の位置付けが確立する以前は、短期金利が相対的に高かったのである。

次に米国の場合は、1850年代から1900年代までは短期金利＞長期金利の逆イールド関係が常態化しており、短期金利＜長期金利の年は53年のうち14年（26%）にすぎなかった。**図表4-1**は19世紀後半からの長短金利の関係を示しているが、それ以前の19世紀前期のコマーシャル・ペーパー（CP）の金利水準は、3・5%から36%のかなり広いレンジで推移していた。その

図表4-1　英米の長短金利差

年代	英国長短金利差			米国長短金利差		
	平均（%）	短期<長期（年）	短期>長期（年）	平均（%）	短期<長期（年）	短期>長期（年）
1750	−1.70%	0	6	−	−	−
1760	−1.46%	0	10	−	−	−
1770	−1.21%	0	10	−	−	−
1780	−0.45%	3	7	−	−	−
1790	−0.46%	3	7	−	−	−
1800	−0.25%	2	8	−	−	−
1810	−0.45%	2	8	−	−	−
1820	−0.77%	0	10	−	−	−
1830	−0.97%	0	10	−	−	−
1840	−0.47%	4	6	−	−	−
1850	−1.21%	5	5	−2.48%	1	2
1860	−1.06%	5	5	−1.97%	0	10
1870	−0.69%	4	6	−1.48%	0	10
1880	−1.69%	1	9	−0.36%	3	7
1890	−1.05%	2	8	0.19%	6	4
1900	−1.44%	1	9	−0.54%	4	6
1910	−1.15%	0	10	0.50%	9	1
1920	−0.06%	5	5	−0.46%	3	7
1930	0.99%	9	1	1.15%	10	0
1940	1.05%	10	0	1.23%	10	0
1950	0.36%	7	3	0.87%	10	0
1960	0.52%	7	3	0.49%	7	3
1970	1.89%	8	2	0.39%	7	3
1980	−0.14%	6	4	0.63%	7	3
1990	0.12%	5	5	1.52%	9	1
2000	0.48%	5	5	1.50%	7	3
2010	1.40%	10	0	1.79%	9	1
2020	0.27%	3	0	1.05%	3	0

（出所）英国長期金利は、コンソル債および英国長期国債（英中銀、IMF）、英国短期金利は、バンクレート（英中銀）、米国長期金利は、ニューイングランド地方債、S&P高格付地方債、長期国債（Homer（2005）、OECD）、米国短期金利は、コールレート、ニューヨーク連銀金利、FFレート（Homer（2005））から著者算出。

（注）英国の1750年代は1754年から1759年までの6年間、米国の1850年代は1857年から1859年までの3年間、英米国の2020年代は2020年から2022年までの3年間。

後の19世紀後期にコール・レートは、実に0・5％から186％という途方もなく広いレンジで変動していたが、おおむね長期金利を上回っていたため、イールドカーブは、逆イールドであることが多かった。短期金利のボラティリティ（変動率）の高さは、中央銀行による金融政策が機能しないプリミティブな金利変動の特性（金利変動幅の広さ）をよく表していると言えよう。20世紀初頭は、相対的に短期金利は高止まりしていたものの、長期金利は低位で推移し続けたため、イールドカーブは、引き続き逆イールドであった。新設当初の米連邦準備制度は、財政支出の膨張とこれを支える国債の消化のために、国債の増発を受け入れ、通貨量の膨張に手を貸したため、インフレ率が上昇した。1916年および1917年の連邦準備条例改正で、民間銀行は、国債を担保に連邦準備制度からの資金を受け入れることが可能になり、インフレーションが進行したのである。特に1917年には、戦時国債（リバティ債）が発行され、政府による資金調達が加速しただけに、連邦準備制度は、流動性を供給することで政府の資金調達を後方から支援する意味もあったのであろう。つまり当時の連邦準備制度は、貨幣価値管理を犠牲にしつつ、目先の政府の資金調達を優先させたことになる。

◆中央銀行による金融政策により定着した順イールド

しかし、1920年代以降は、インフレーションの沈静化とともに、連邦準備制度の柔軟な短期金利調整が機能するようになったため、逆イールドカーブよりも、順イールドカーブである時期が増え始めた。金融政策に積極的に乗り出す１９３０年代以降は、順イールドが常態化しているものの、米国連邦準備制度は、高インフレ期にはそれを抑え込むために金融引締めで短期金利を高めに誘導した。政策金利であるＦＦレートは、10%を上回ったため、１９７９年、１９８０年、１９８１年は大幅に長期金利を上回ったものの、10年単位でみた１９７０年代、１９８０年代は順イールドを維持したのである。

以上のように、現在の中央銀行による金融政策が機能するようになってからは、順イールドが定着していることになるが、中央銀行の位置付けが揺らぎ、金融政策の内容が変化するならば、常識とされる順イールドも覆る可能性は否定できないだろう。株価下落や景気悪化のシグナルとされる逆イールドが常態化するという暗い世の中が続くことは避けたいものである。

17 国債がゼロになった米国

◆独立戦争で必要になった資金調達

事実上、北米における国家といって差し支えのなかった「大陸会議」は、独立戦争が始まった１年半後に資金調達を試みている。大規模な戦争（１７７５年４月〜１７８３年９月）であっただけに、米国政府の債務[*1]は膨大な規模になり、国内のみならず、フランスやオランダからも資金の調達を実施している。この債務は、利払いが実行されることはなかったため、「１７８１年には、額面価額の１％未満の価値」[*2]にまで、大幅に減価したのである。当時の米国の潜在的な経済成長力は、相当高いと考えられていたものの、独立戦争の混乱から信用度は、著しく低下していた。債務帳消し運動が活発化する中で、信用システムは有効に機能しなくなり、資金、信用、経済力に欠ける政府の無能さが批判の対象となったが、逆に、秩序を回復する必要性が広く認識され、１７８７年には憲法制定協議が始まり、１７８９年の新国家樹立につながった。

＊1　19世紀から20世紀にかけての米国債は、英国のコンソル債のように長期にわたり継続的にデータを取得できる代表的な銘柄が無く、地方債などを代替的に用いて債券利回りの推移を確認することが多い点には注意が必要である。

＊2　秋元（１９９５）、26頁参照。

1789年に初代財務長官となったアレキサンダー・ハミルトン（Alexander Hamilton）は、独立戦争に要した費用を捻出するために、拡大した政府債務の問題に着手する。

◆将来の国家戦略を重視したハミルトン

当時は、独立戦争時に、将来支払を約束して調達した政府債務について、返済する必要はないという主張が一定程度の支持を得ていた。この主張は、債務返済のための資金を捻り出すために、大幅に租税を引き上げることを回避したいという目先の利害に基づくものであった。しかし、ハミルトンは違っていた。むしろ、政府は、今後も資金調達をする可能性があるため、将来の資金調達の道が閉ざされないように、合衆国政府の信用度を引き上げておくべきであると考えたのである。

そこで、新政府の将来にわたる財政基盤を確立するために、ハミルトンは、公債額面償還政策を試みたのである。目先の利益を拒否し、将来の国家戦略を重視したのであった。中長期的視点に立って、国家の歳入と歳出の予算管理を徹底させ、国債の信用度を高めるならば、将来にわたり可能な限り低いコストで資金調達できるからである。中長期的には、国債による長期資金調達の道を確保しておくことは、新生独立国家にとって非常に重要な政策決定であったと言えよう。この時を皮切りに、政策当局者は、金融市場からの信認を得つつ、政府の資金調達を円滑に実施するための政策を実施していくのであった。現在につながる、米国のソブリン格

アレキサンダー・ハミルトン（1755～1804）肖像画がアメリカ合衆国10ドル紙幣に使用されている。

付けの高さの淵源と言ってもよいだろう。*3

１７９０年から１７９４年にかけての長期金利の推移は、当初、頻繁に支払金利（クーポン）が変更されるなど、名目金利の推論が困難な時期であったが、18世紀から19世紀にかけての長期国債利回りは、おおむね８％程度であった。その後は、ハミルトンの政策の浸透や、政府の財政状態が好転したことなどから、１８３０年代にかけて４％台まで低下している。財政状態に注目するならば、連邦政府の債務は、１８０４年には86百万ドルであったものが、１８１２年には45百万ドルまで減少している。その後１８１６年に１２７百万ドルまで増加するものの、１８３５年は、０.０３４百万ドルまで減少した。若干の偶発債務を除くと、１８３５年から１８４１年前後までの債務は、ほぼゼロであったと見なすことが可能だ（**図表4-2**参照）。*4 そのため、財務省証券の市場利回り

図表４-２　米政府負債残高と国債利回り

（出所）米国財務省、Homer & Sylla（2005）、OECDのデータを基に作成（2022年は９月値、その他は年末値等）。

＊3　２０２４年８月現在の米国のソブリン格付けは、必ずしも最上位格付け（ＡＡＡ格など）ではない。

＊4　アメリカ合衆国商務省編（１９８６）、１１１８頁参照、Y-493系列（基本的には長期および短期とも連邦政府の公式固定債務であり、その時点の償還価額の貯蓄債券が含まれる）。19世紀前半までの数値（負債）とそれ以降の数値（公債総額）とを比較することはできない。

のデータは、この時期の記録としては、残念ながら見いだせない。[*5] 戦争債務を、ほぼ着実に完済したという事実は、多くの投資家に、債務者としての米国の信用度の高さを印象付けたと言ってよいだろう。

◆南北戦争で膨らんだ国債残高

次に、19世紀半ばに勃発した南北戦争は、国家による資金調達や金利の歴史に重大な影響をもたらした。欧州においてはこのような動乱が発生しなかったため、19世紀の米国長期金利のみが南北戦争時に急騰している。仮に南北戦争が発生しなかったならば、米国金利推移は、欧州と同様に、低位で安定していたことだろう。南北戦争は、必要とされる戦時物資の調達のため、米国内の物価上昇をもたらしたことに加え、政府債務も増大したため、国債利回りには上昇圧力がはたらいた（1861年、6・45%）。おおむね、純戦費の推定値（北軍のみ）は、3,200百万ドル[*6]であり、独立戦争時の100百万ドル、1812年戦争時の93百万ドルと比較すると巨額に膨らんでいた割には、長期金利が抑制されていた点は、注目すべきだろう。[*7]

また、南北戦争（1861〜1865年）に際して米国政府は、1862年に法定通貨としての政府紙幣であるグリーンバックを発行した。[*8] これは、一種の無利子国債であり、戦後の処理の仕方によっては、政府の信用に大きな影響を及ぼす案件でもある。おおむね政府の資金調達残高の15%強が、グリーンバックであったため、その規模も看過できない。紙幣の増発によ

＊5　Homer & Sylla (2005), pp.282-285. Table 38 Summary of Long-Term High-Grade America Bond Yields: Nineteenth CenturyにおけるFederal Government Bonds, Selected Market Yieldsでは、1933〜1941年まで無記載になっている。

＊6　アメリカ合衆国商務省編（1986）、1140頁参照、Y-850系列。

＊7　図表4-2の国債利回りの推移は、1798〜1899年は、Homer & Sylla (2005) Table 38のFederal Government Bonds Selected Market Yields、1900〜1909年は、同Table 46の4s of 1925、1910〜1919年は、同Table 46のPanama Canal 3s of 1961、1920〜1945年は、同Table 48、1946〜1959年は、同Table 51、1960年以降はOECDのデータを

るインフレ率の上昇は、利子付きの国債の利払いと元本の現在価値を減じることになるため、政府紙幣だけの問題ではなく、国債の信用度をも左右するはずである。戦時の米国政府の資金調達を円滑に行なうために、一種の無利子の国債を発行したわけだから、戦後の平時にどのように処理していくかが、米国政府の信用度にも影響する。フランス革命直後に発行されたアッシニア紙幣に代表されるように、紙幣の増発は、貨幣価値を一時的にせよ下落させ、インフレ率の上昇をもたらす事例に事欠かない。それだけに、過度に増発された紙幣残高は、平時に積極的に回収・圧縮して、貨幣価値の安定化を目指す必要があった。

◆グリーンバックの回収を懸命に努めたマカロック

１９６５年にエイブラハム・リンカーン大統領から第27代財務長官に指名されたヒュー・マカロック（Hugh McCulloch）も、この点を充分に認識していた。この舵取り次第では、政府の資金調達に支障を生じることになり、その場合には国債管理政策の失敗を意味することになるため、グリーンバックの回収に懸命に努めた。具体的には、マカロック財務長官は、１８６６年に資金調達法を制定し、財政余剰分で直接グリーンバックを回収することや、長期債務への転換という手段を通してグリーンバックを回収し、市中の通貨量を収縮させることに努めたのである。南北戦争で膨らんだ国債残高の償還は、まず、１８６６年から１８６８年にかけ、グリーンバックをはじめとする短期の流動債を長期債への転換から着手された。続いて、

基に作成した。

＊8　平山（２０２４）、72頁参照。

１８６２年発行の５ドル紙幣

ヒュー・マカロック（１８０８〜１８９５）

1869年から1877年にかけ、長期債の満期の長期化とその国債種類の統合化を図るために、債券買いオペレーションを実施している。[*9] その上で、1877年から1878年にかけては、正貨兌換の復活により、政府への資金供給が購買力を犠牲にするものではないというメッセージを市場参加者に送る。[*10] 通貨価値の裏付けが正貨兌換により確立されるということは、長期にわたる国債の利払いも、また元本も、その購買力が急落する危険性が低下するという貨幣価値管理に他ならない。それだけ、国債に投資する投資家からの信頼感を得ることになるはずである。南北戦争後には、国債償還を促進することで予算管理を徹底し、さらに貨幣価値管理を徹底して政府債務の信用力を維持するという、国債管理政策が採用されていたのである。その後の1880年代から1890年代にかけては、米国は、資金調達力のある国へと成長し始め、政府債務も着実に減少することになる。この時期も、米国政府は、債券買いオペレーションを実施し続けており、予算管理としての債券残高圧縮に貢献するのであった。図表4-2で確認するならば、米国の公債総額は、1866年の2、773百万ドルが、1893年に1、546百万ドルまで減少している。

現在に至る米国のソブリン格付けの高さは、歴史的努力の積み上げの中で醸成されたと言えよう。逆を言えば、このような地道な行動を水泡に帰すような対応は、先人たちの努力を無にすることになるため、心して政策当局者は対応すべきであると言えよう。

*9　累積国債の満期を一定の時期に集中することなく分散させることも意図した。

*10　1875年には正貨兌換再開法が成立し、正貨兌換は1879年から実施された。

18 連邦準備制度創設から国債価格維持政策へ

◆変遷してきた国際通貨システムの中心地

20世紀前半、世界の長期金利の指標的位置付けは、英国債から米国債（財務省証券）に移行した。米国は、国際通貨システムの中心地の役割を果たすようになり、政治的には覇権国家としての地位を確立したのであった。これまでも国際金融都市と覇権国家が連関しながら、スペイン＝イタリア、（ベルギー）、オランダ、英国、そして米国へと歴史的に推移してきたわけである。この地位は、どの時点から始まるというものではなく、いくつかの政治的イベントと、経済的なイベントを経験する中で確立されていくものである。

政治的イベントとしては、第１次世界大戦（１９１４～１９１８年）、ニューディール政策（１９３３～１９３８年）、第２次世界大戦（１９３９～１９４５年）、ベトナム戦争を含む冷戦（１９４７～１９８９年）の４つが代表的なものであろう。また、経済的イベントは、連邦準備制度の組織化（1914～1917年）、大恐慌とその余波（1929～1939年）、1965年以降のインフレーション、1971年のニクソン・ショック後の国際通貨システムの転換の4つを挙げることが可能である。これらの二種類のイベントは、より密接に絡み合い、政府と国債市場の相互関係が大きな意味を持つようになったのが20世紀である。19世紀以前と比べ、格段に政府と国債市場の結びつきが強固になってきていると言えよう。

その際にさらに注目されるようになったのが、覇権国がどの時代にも配慮すべき「国債管理政策」である。政府は、発行だけでなく流通市場が発展しつつある国債市場と、どのように対峙したらよいのかという議論が20世紀に特に活発になる。

◆現代の国債管理政策

改めて現代の国債管理政策を整理するならば、次のようになるだろう。英国や米国の国債管理政策の歴史を見ていくと、国債管理に関しては大きく3つの管理があると考えると分かりやすい。歳入と歳出のバランスを管理する「予算管理」の領域、その結果として必要となった資金不足をいかにして調達するのかという「調達管理」の領域、そして中央銀行による「貨幣価値管理」の領域の3つである。重要な点は、この3つのバランスを考える必要があることであり、どれかが欠けると財政運営に対するほころびが見え始めるのである。われわれは得てして、財政問題を議論する際に、この3者を混同して議論するケースが多いように見受けられるが、しっかりと峻別して議論すべきだろう。

まず予算管理は民意と、それを反映した政治により決定されるものであり、調達管理は、純粋なファイナンス手法に依存するものとして、区分する必要がある。また、将来の元利の価値を大幅に減価させないために、現代の中央銀行による貨幣価値管理も国債管理政策の1つであると考えうるだろう。つまり、予算管理、調達管理、貨幣価値管理という3つの側面から、政府と国債市場の関係を捉えていくことが可能なのである。以下では、この3つの側面から戦時期までの米国債の歴史を振り返ってみたい。

予算管理を重視した1920年代まで

第1に、米財務省は、1913年に設立された連邦準備制度理事会（FRB）と協力して、20世紀の政府の資金調達、すなわち国債管理政策を担当した。南北戦争後や第1次世界大戦後の平時に代表されるように、1920年代までは、「国債の発行・累積によるインフレーションの回避＝通貨価値の安定化と迅速な国債償還による公信用の確立」[*11]を目指す古典的な国債管理政策が重視されてきた。前者は貨幣価値管理、後者は歳入拡大・歳出抑制等による早期の国債償還を目指していたことから予算管理と言ってよいだろう。この両者に比重を置いた古典的な財政観に基づく健全化が図られたのであった。

＊11　池島（1995）、448頁参照。

調達管理に軸足を置くようになった1930年代

第2に、1930年代の大恐慌による混乱を契機として、政府は、国債管理政策の軸足を転換した。財政拡大による景気対策のために国債を積極的に活用するようになったのである。いわば景気対策型の国債管理政策への転換であった。国債の残高を圧縮することが重視された時代から、国債残高を利用して経済の過熱と停滞に刺激を与えることを意図する時代への移行であり、国債管理政策の中でも予算管理の位置付けが後退したのである。破滅的な景気悪化に歯止めがかからず、世の中は、歳出と歳入のバランスを重視するよりも、歳出の拡大による景気浮揚が求められたのであった。そのため、第17節の**図表4-2**に示したように、第1次世界大戦後の1919年に274億ドルまで増加した公債総額は、1930年に162億ドルまで減少したものの、第2次世界大戦後の1946年には2,694億ドルまで急増している。大恐慌後の1930年から第2次世界大戦後の1946年までに年率19％のペースで公債総額が累増したのであった。

また、国債の満期構成についても、1930年代以前は、一時的な資金不足を埋める緊急避難的な債務と捉えられていた短期債による調達を避けてきたが、大恐慌後には、短期国債（Treasury Bills）や満期1～5年の国債（Treasury Notes）が、短期的資金調達手段として積極的に発行されたのである。その理由としては、主として国債を積極的に購入した民間金融機関が、価格変動リスクが小さく流動性の高い短期債への投資を好んだためである。累増する国債の発行圧力に対して、円滑な消化を促進するためには、投資家のニーズに即した国債発行

大恐慌初期（1931年）の取り付け騒ぎ時にニューヨークのアメリカンユニオン銀行前に集まった群衆

が要請されたのである。[*12] より円滑な資金調達手法を模索したことから、調達管理を積極的に推進したと考えられる。

さらに、１９３４年には、金準備法で金本位制からの離脱が法制化され、貨幣価値管理は後退したものの、「金準備にリンクされることなく、国債を担保として連邦準備券が発行される」[*13] 体制が構築され、連邦準備制度理事会が積極的に国債市場で公開市場操作（買いオペレーション）するのが可能になった。流通市場から国債を購入する見合いに、銀行券を発行できるようになったため、国債市場管理が容易になったのである。国債利回り（価格）の変動が抑制され、市場が安定すればするほど、投資家の投資意欲が高まるため、国債による政府資金調達が容易になると言えよう（調達管理の徹底化）。以上のように、１９３０年代の国債管理政策は、予算管理と貨幣価値管理が後退したものの、調達管理に軸足を置くようになったのである。

貨幣価値管理を軽視した１９４０年代

第３に、戦時期（１９４０年代）の政府は、利払い負担をより少なくするために、連邦準備制度とともに、景気対策型の国債管理政策を発展させ、国債価格支持政策を採用するようになる。戦時という危機時に、政府は、中央銀行と協力して、市場の過剰な変動を抑制するという安定化政策を積極化したわけだ。１９４２年以降の第２次世界大戦中、連邦準備制度は、財務省の国債利子負担の軽減に協力して、発行された長期財務省証券のみならず短期国債の市場価格を釘付けるように買い支え、イールドカーブ全体を低位安定化させることに配慮するので

＊12　池島（１９９５）、４７４頁では、民間部門が保有する国債の満期構成の管理について、景気対策型の国債管理政策は、「景気の好況期には、インフレ圧力を弱め民間支出を抑制し景気の過熱を回避するよう、経済全体の金融資産の流動性を低め全般的に長期金利を短期金利に比べて相対的に高めに保つために、累積国債の中に占める長期国債の比重を増大させ、逆に不況期にはデフレ圧力を緩和し民間支出を増大させ景気を刺激するよう、その流動性を高め長期金利を短期金利に比べて相対的に低めるために、累積国債での短期国債の比重を高めるような、国債管理政策を政策当局は展開すべきである」との考えに基づいている。

＊13　池島（１９９５）、４７１頁参照。

あった。**図表4-2**で確認するならば、１９３９年から１９５０年まで10年超の長きにわたり、国債利回りが２・５％以下に抑制され続けている（国債価格が下落しないように釘付けられている）。

　この段階では、戦時体制下の市場安定を重視するあまり、効率的な資金の配分がないがしろにされたのは言うまでもない。市場統制により国債利回りの管理は可能であるが、その分、流通市場による自由な国債価格決定メカニズムがはたらきにくくなり、物価上昇や財政規律の低下といったマイナス面を発生させることになる。国債市場での価格管理の行き過ぎは、経済システムのどこかに歪みを生じさせる点は忘れてはならない。

19 米財務省と連邦準備制度の食い違い

◆統制的な市場介入とその終息

1942年以降、第2次世界大戦中、連邦準備制度は、財務省の国債利子負担の軽減に協力して、発行された長期財務省証券のみならず短期国債の市場価格を支持する買いオペレーションを実施してきた。国債価格支持政策は、インフレーションが加速するリスクと背中合わせであるものの、国債価格の下落と国債を保有する金融機関の経営状態の悪化を回避することに貢献したといってよい。

一方、終戦後、月日が経過するに従い、民間部門の資金需要が高まり、金融機関のバランスシートの大部分も国債投資から貸出へと変化したことや、銀行の保有国債の満期も短期化されて、金利上昇によるポートフォリオ悪化の影響が低下したことから、国債価格支持政策の解除に移行する。

１９４７年には、短期国債の支持政策が解除され、１９５１年３月４日には、財務省と連邦準備制度との「アコード（合意）」[*14]が発表され、連邦準備制度による長期財務省証券買いオペレーションの停止を決定したのである。このアコードに至るまでの国債利回りは、１９４６年４月から１９４８年８月まで上昇し、１９４８年末には景気後退観測から一時的に低下するものの、１９５０年からは再び上昇傾向での推移となっていた。債券市場も、徐々に将来的な国債価格支持政策の修正を織り込んでいたため、少なくとも短期的な衝撃は回避されたのである。このアコードにより、長期にわたり統制的な市場介入が常態化されていた戦時体制が終息を迎え、政府の国債管理政策は、本格的に国債市場を挟んで財務省と連邦準備制度が丁々発止のやり取りをする時代に突入する。財政政策と金融政策の主役は異なるものの、その両者の行き違いが発生すると、財政と金融のはざまに存在する国債市場が混乱するだけに、両者の関係に市場参加者は注目した。その事例として、以下では、ビルズ・オンリー政策（Bills Only Policy）をめぐるやり取りについて確認してみよう。

◆ビルズ・オンリー政策

アコード後に金融政策のフリーハンドを得た連邦準備制度は、１９５３年に公定歩合（discount rate）を２％まで引き上げ、１９５３年３月に「国債市場に関する特別小委員会」[*15]の報告に基づき、公開市場操作の対象証券を短期の財務省証券に限るというビルズ・オンリー

＊14　Congress of the United States (1952), p.79-80. Appendix: Treasury-Federal Reserve Accord.を参照。「財務省と連邦準備制度は、政府の資金調達を成功裏に行い、同時に国債の換金化を極力抑えるという共通目的を一層推進するための国債管理と金融政策について完全な合意に達した」との発表により、国債管理政策も新たな局面に入ることになったのである。

＊15　①公開市場操作の対象を短期国債に限定すること、②財務省の資金調達の期間中は、借り換えや新規の発行に直接関連する国債を購入しないこと、③公開市場操作は信用政策を実施する目的のためにのみ行われるべきであって、国債の価格と利回りの一定のパターンを支える目的のためには行われないことが報告されている。

政策の採用を決定した。この発表を受け、連邦準備制度による長期金利の抑制が期待できない点を再認識した国債市場は、インフレ率は落ち着いていたにもかかわらず、下落（利回り上昇）したのである。さらに1953年に財務省は、戦後初の30年後に満期償還を迎える超長期国債（3・25％クーポン）を発行したため、その消化不良で国債市場が混乱に陥り、同年5月の国債利回りは3％を上回った。連邦準備制度が公定歩合を引き上げて短期金利の引上げを意図しているにも関わらず、財務省は長期金利の上昇圧力が高まる超長期国債の発行をするという、ちぐはぐな姿勢に対して、国債市場が懸念を表明したのである。そのため財務省は、1930年代以降、好景気にあたっては長期債を多く発行するという景気対策型国債管理政策[*16]を実施してきたが、この方針を撤回せざるを得なくなった。財務省は、金融政策による引き締めの効果を阻害しないためにも、好況期には短期国債を発行し短期化を図り、不況期には中・長期債を発行することで長期化を図るという景気順応型の国債管理政策の採用へと舵を切らざるを得なくなったのである。

失敗の理由①　連邦準備制度と財務省のスタンスの食い違い

この失敗の理由は、第1にアコードが表明されたとは言え、財務省と連邦準備制度とのスタンスが食い違っていた点に求めることができよう。たとえば金融引き締め時に、連邦準備制度が短期金融市場において引き締めを実施しているにも関わらず、財務省が市中の国債平均残存年限の長期化を図るべく、短期債を減少させ長期債を増加させる操作を実施することは、両政

＊16　脚注12で示したように、経済の安定化に寄与するように好景気に際して長期債比率を高め不景気に際して短期債比率を高める国債管理政策のこと。

策当局の間で政策矛盾が生じることになる。連邦準備制度が短期金利を引き上げようとしているときに、財務省はむしろ短期金利の引き下げ圧力をかけていることになるからだ。このように、連邦準備制度のビルズ・オンリー政策を軸に、財務省の国債管理政策は、景気対策型から景気順応型に転じるように手足を縛られるのであった。

失敗の理由② 財務省の硬直的な調達管理

第2に、流動性が低下している市場の状況を理解せずに、超長期国債の発行に拘《こだわ》ってしまった財務省の硬直的な調達管理も失敗の理由の1つである。市場の流動性を提供するはずの市場参加者の層が薄ければ、「深さ、広さ、弾力性」[*17]を市場に期待することができなくなり、経済環境に応じた効率的な市場価格の決定ができなくなってしまう。国債発行に際しては、市場価格や水準そのものの操作よりも、市場機能を活性化させるような流動性の確保を優先すべきと言えよう。つまり、価格の決定の自由度を市場に与えることにより、活発な市場参加者による売買を促し、流動性を高めることで、効率的な価格決定機能を確保するわけである。1950年代の国債市場は、国債ディーラーなどの市場参加者が限られていたにもかかわらず、突然降って沸いたように超長期国債が発

図表4-3 米国債利回り・FFレート

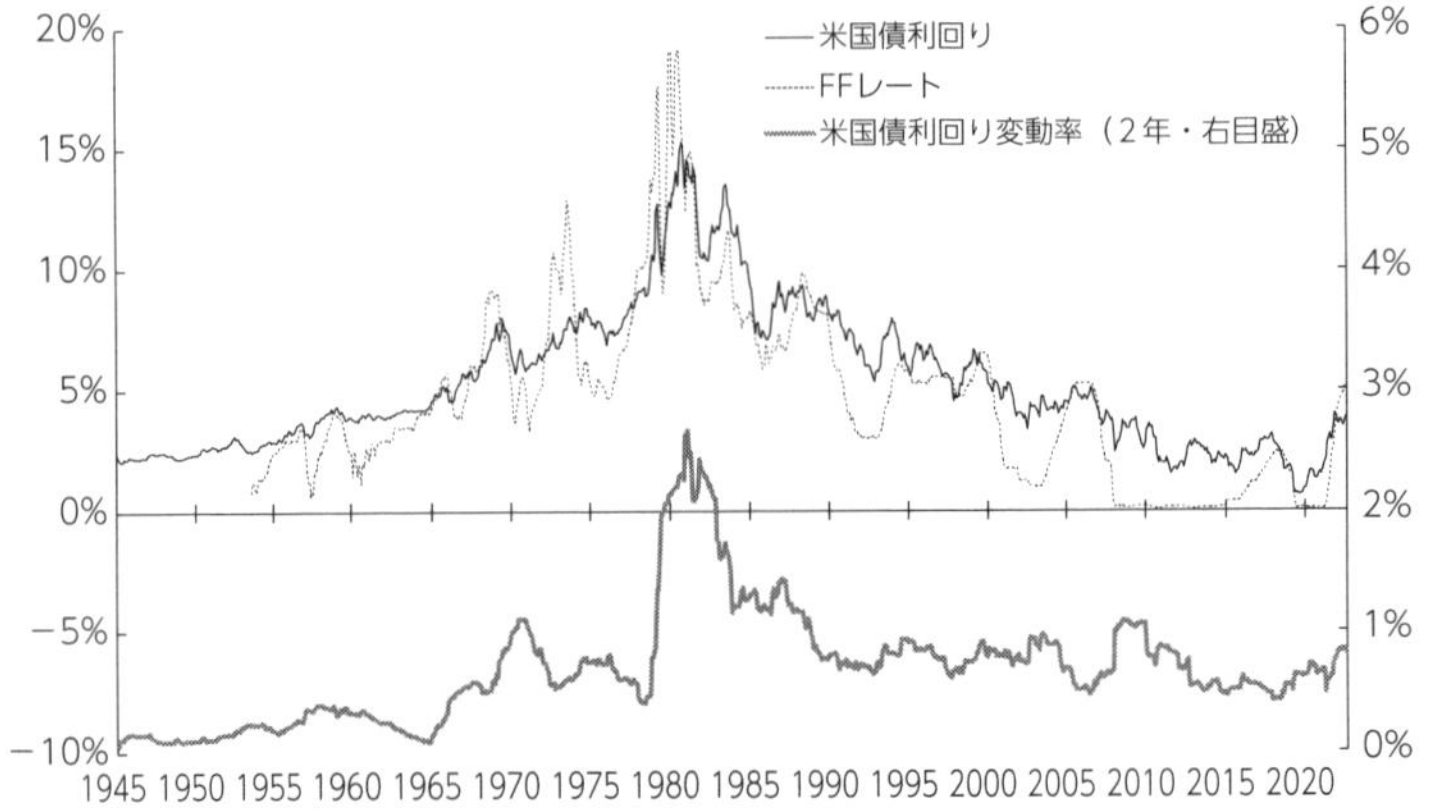

（出所）セントルイス連銀のデータを基に作成。

行され、市場のボラティリティ（変動率）が上昇してしまったのである。**図表4–3**で確認しても、米国債利回りの変動率は、わずかではあるが１９５０年代を通して上昇基調で推移しているのが確認されよう。

国債市場をめぐる政策当局者間の政策姿勢の違いが、市場参加者の描く国債利回りの将来見通しの不確実性を高めるならば、想定以上に市場の変動率を高めることになる。国債市場に大きな影響を与える財務省や中央銀行は、相互にコミュニケーションを進化させることを通して、少なくとも方向性の調整をする必要があるだろう。異なる方向性がしばしば公表されるならば、国債管理政策に関する信認が低下し、政策発動による効果が低下してしまうからである。

＊17　多様・多数・多額の市場参加者（広さ）の、希望する幅広い売買価格（深さ）でのニーズが、経済環境や価格変動に応じて次から次へと市場に迅速に流入してくる（弾力性）という、活性化した市場の状態。

20 巨額政府債務を上手く管理できるか？洗練される国債管理政策

◆短期金利のみから中長期金利も視野に入れた政策へ

１９５０年代以降、連邦準備制度のビルズ・オンリー政策は財務省との齟齬を表面化させたが、１９６０年代には短期金利のみではなく中長期金利も視野に入れた政策に衣替えするに至る。１９６０年2月7日に、連邦公開市場委員会は、公開市場勘定が5億ドルを超えない範囲で残存満期10年以内の国債（トレジャリー・ノート）を購入できるようにしたのである。ビルズ・オンリー政策で強調された短期金利中心の操作から、中長期金利も意識した政策が実施されるようにバージョンアップされ、政府・中央銀行による金利操作が強化されたと言ってよいだろう。以下では、その後の米国の金融政策と国債利回りの推移を年代ごとに概括してみたい。

◆イールドカーブ・コントロール政策（１９６０年代初頭～）

第1に、１９６０年代初頭、米国は、短期金利は高めに、長期金利は低めに誘導するイールドカーブ・コントロール政策を採用した。長期金利を引き下げれば、企業の資金調達の負荷を軽くでき、新規設備投資の積極化に貢献するはず。一方で、短期金利を高めざるを得なかったのは、貿易赤字などの拡大から短期資金が流出するのを阻止し、国際収支危機に対応するためであった。２０１６年に日本銀行が始めた長短金利操作付き量的・質的金融緩和よりも半世紀早く、米国は、イールドカーブ・コントロール政策を実施していたのである。この決定を受け、連邦準備制度は、１９６１年から１９６５年にかけて、トレジャリー・ビル（割引財務省証券）の買いオペ比率を減少させ、その代わりに満期1～5年の利付債等の買いオペ比率を格段に引き上げる「ツイスト・オペレーション」を行う。短期債の購入量が減少した分だけ、短期金利に上昇圧力がはたらき、より長めの債券の購入を増額した分だけ、中長期ゾーンの金利に低下圧力をはたらかせたのである。つまり、短期金利低下を阻止し、1年以上の金利の上昇を抑制することが期待されたわけである。この政策の影響もあり、１９６０年代前半には、国債利回りが安定的に推移しつつ、逆に短期金利は上昇したため、イールドカーブはフラット（平坦）化した（短期金利が上昇して中長期金利に近づいた）。

その後１９６０年代後半は、インフレ率が急上昇したことに対応して、連邦準備制度理事会は、フェデラル・ファンド・レート（ＦＦレート）を９％程度まで引き上げた。短期金利は、

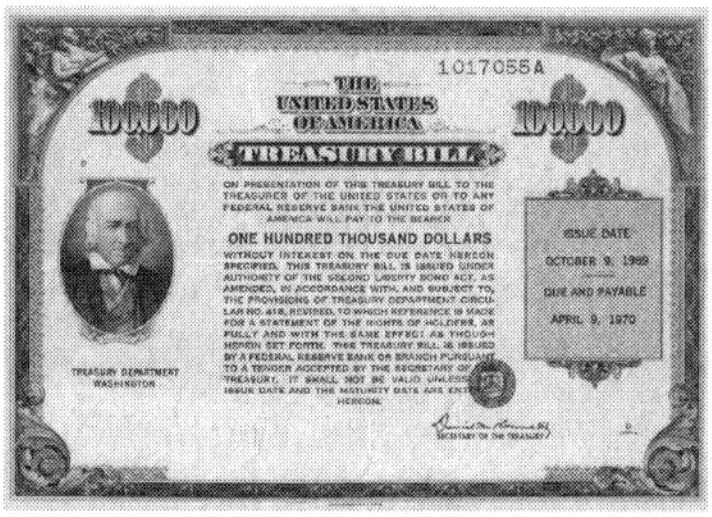

$100,000のトレジャリービル（１９６９年）

国債利回りよりも大幅に上回り、逆イールドカーブ（短期金利よりも長期金利が低い状態）になった。国債利回りは6％台まで上昇したが、それ以上に短期金利が上昇したのである。このイールドカーブの形状変化と歩調をあわせるように、国債利回りの変動率は、1960年代前半以前よりも格段に高まったため、将来に対する見通しが描きにくくなったと言えよう（**図表4-3**参照）。連邦準備制度は、貨幣価値の維持に注力したものの、結果としてインフレーションの抑制を達成することはできず、予算管理もないがしろにされて政府債務は増加基調で推移したのであった。

◆調達管理に軸足を移す（1970年代～1980年代）

第2に、1970年代から1980年代にかけては、米国においても、英国と同様に社会保障制度の拡充などが、財政基盤を揺るがし、政府債務の増勢は、一時的なものではなく常態化した。止まることを知らない歳出増加は、予算管理の自由度を奪い、さらに財政赤字の拡大による国債発行圧力が高まったのである。**図表4-4**の米政府債務上昇率は、1976年16.4％、1983年20.6％になるなど1960年代ま

図表4-4　米政府債務

（出所）米財務省、米商務省経済分析局のデータを基に作成。

では状況が大きく異なり、米政府債務の増加ペースは加速している。そこで米政府は、予算管理の操作が難しくなった分だけ、より国債の消化を有利にできるかという点に主眼を置くことにした。調達管理に軸足を移して、円滑な資金調達に注力せざるを得なかったのである。具体的には、投資家のニーズに合わせて、長期債の発行よりも短期債の発行を増加させたことや、州・地方政府は金利優遇税制を制定するなど、市場参加者のニーズを汲み取り、流動性の高い債券市場を目指したのである。

その後、１９７２年にかけて連邦準備制度理事会は、景気後退やペン・セントラル鉄道[*18]（Penn Central Transportation Company）の破綻による混乱を収束するために、金融緩和へ転向し、ＦＦレートを３％台まで低下させた。しかし、インフレの芽は、完全に摘み取られていたわけではなかった。再び１９７４年および１９８０年代初頭には、世界的な原油価格の上昇を背景にインフレ懸念が台頭したのである。そのため、ＦＦレートは、２回にわたり10％を超える水準にまで引き上げられ、金融引き締めは再度、強化された。１９７０年代の短期金利は、物価をめぐる経済状況の急変に伴い、ジェットコースターのように上下動を繰り返したと言ってよいだろう。それに対して、国債利回りも、償還期限の長い国債が大量に発行されたため、上昇基調で推移し、１９８１年10月には、20年国債利回りが史上最高水準である15.78％[*19]を記録した。

１９８１年をピークに、インフレ懸念は沈静化し、国債利回りも低下基調に転じる。金利水準は低下に転じたとはいえ、財政赤字の膨張は続いており、国債による資金調達を安定的に推

ペン・セントラル鉄道の機関車４８０１号および４８００号（１９７５年）

＊18　米国東部海岸を走るペン・セントラル鉄道は、ＣＰの最上位格付けを取得していたにも関わらず破綻する。これをきっかけにＣＰ市場がパニックに陥った。１９７０年に経営破綻したが、事業は存続した。

進するための工夫が必要であったのは言うまでもない。そのため財務省は、国債消化を円滑に進めるための調達管理に注力するようになる。その工夫とは、以下に記す国債発行の定期化、発行国債の長期化などであった。

国債発行の定期化

まず財務省は、国債発行の定期化を図り、市場参加者に対して、事前に国債発行額を推定できるように配慮した。突然の発行増額や減額による市場のショックを回避し、国債利回りが変動する余地を少なくしたのである。需給の不確実性を低下させると同時に、財務省にとっては、金利水準に応じて、国債の発行額や発行時期を操作する既存の国債管理政策とは一線を画するため、大きな転換と言ってよいだろう。それだけ、財務省は、市場参加者による国債市場での自由な価格決定を尊重する姿勢を示したのである。市場参加者にとっては、発行時期に関する不確実性が低下するため、国債利回りに上乗せされるリスクプレミアムが縮小する。市場参加者は、将来の発行計画を認識することが可能となり、突然の発行増額や減額によりサプライズが生じるというリスクを、事前に割り引いて考えることが可能になったのである。発行定期化によるリスクプレミアムの縮小は、中長期的に発行利回りの低下を促すだろう。この取組みは、政府の資金調達コストを削減するという調達管理の成果を期待するものであった。*20

*19　15・75%利率（2001年11月償還）国債が、発行価格99・892ドルで発行された。1981年10月に15・84%を記録したとする説もある。図表4-2は年末値であるため水準が異なる。

*20　逆に、政府の国債発行のタイミングに応じて、市場の利回りが変動し、価格変動が大きくなれば、市場参加者は、価格変動リスクの増大に見合った収益率（リターン）を求めるようになる。その場合、政府の発行国債の利率が中長期的に上昇し、調達コストの上昇をもたらすことになるだろう。

競争入札の積極化と市場ニーズの吸い上げ

また、政府は、金融市場の効率的な資源配分機能を高めるために、国債発行時の競争入札を積極化すると共に市場のニーズに応じた年限の国債を発行するように配慮するようにした。巨額資金の調達を実施する政府にしてみれば、競争入札の積極化は、円滑な政府資金調達を持続させる観点からは、不安材料になるはずである。経済環境や市場参加者のパーセプションの急変の際には、競争入札において入札額が急減することや、調達金利が急上昇する蓋然性があるからである。透明性や効率性を増すことで、国民資源の最適配分機能を市場に課したとして、その不安定性によって、政府の資金調達が滞り、国債市場が混乱してしまうのは回避しなければならない。

そこで、混乱回避の工夫として、財務省は、市場参加者のニーズを把握するために、国債および政府機関債委員会が、四半期に一度、財務長官に債券市場の状況報告書を提出することにしたのである。この委員会の構成メンバーは、債券市場参加者の代表である商業銀行や投資銀行であり、詳細な需給情報を吸い上げることが可能になった。[*21] 市場における多様なニーズを吸い上げることで、財務省は、ニーズに即した発行形態や満期構成による資金調達を行なうことに尽力したのである。具体的には、市場参加者の中でも長期運用を実施する保険や年金運用機関のニーズが高い長期債の発行額を増加させた。これは、むしろ長期的なポートフォリオを構築している投資家に投資対象を提供することを意図した調達管理の一環となった。長期にわたり、被保険者や年金受益者の支払義務が生じる生命保険や年金といった機関投資家の場合には、

＊21　この委員会での詳細な議論は、渋谷（１９９２）、１９６〜２０５頁参照。

運用を安定化させるために、長期にわたり確定利回りが得られる長期国債や超長期国債への投資ニーズが高いはずである。国債の発行量が巨額になるに従い、発行時期のタイミングよりも、市場参加者のニーズに即した発行を実施することで政府の資金調達を円滑にするという調達管理の徹底につとめたのである。

連邦準備制度と財務省の立場の協調

さらに、国債管理政策における連邦準備制度と財務省の協調が図られるように努めた。1951年のアコード以降、両者の関係は必ずしも協調が図られてきたわけでなく、その行き違いがしばしば国債市場の混乱を発生させてきた。財務省が、金融環境の変化に応じて、裁量的に国債の発行を調整していた時期には、金融政策の方向性と符合しないケースが多かったものの、調達管理の徹底から、裁量的な発行よりも、市場参加者のニーズをくみ取って国債発行をするようになってからは、立場の棲み分けが鮮明になったのである。連邦準備制度は、貨幣価値管理を徹底し、財務省は調達管理を軸に円滑な政府資金調達を実施するという役割分担が、両者の目立った干渉を減じたのである。中長期的な国債管理政策としては、貨幣価値管理も調達管理も必要条件ではあるが、予算管理という視点からは、政府から中央銀行に貨幣価値管理の緩和（金融緩和）のプレッシャーが課せられることは容易に想像できよう。しかし、この時期は、中央銀行も財務省も、それぞれの立場で政策目的を実行することで、国債市場に大混乱を巻き起こすことなく中長期的に円滑な政府資金の調達を図ったのであった。

市場との対話の重視

１９７０年代後半から１９８０年代初頭にかけて、インフレと戦う連邦準備制度が金融引締策を採用し金利水準が上昇したにも関わらず、財務省は、市場との対話を重視することで、円滑な資金調達を維持することに貢献した。インフレ率の高騰を徹底的に抑制しなければならない時期には、中央銀行は政府の資金調達コストが上昇したとしても、果敢に金融引締政策を実施するという姿勢を示せたのである。

長い目で考えてみるならば、このような通貨価値の防衛を中央銀行が実施しなければ、国債の保有者にとっても不利益をもたらすことになるはずだ。１９７１年のニクソン・ショック以降、１９７０年代のように、インフレ率の高騰を抑え込めずに、インフレ期待が持続していくならば、将来受け取る元本や金利の実質的な価値が低下してしまうからである。[*22] それだけ、国債投資家の実質的な期待収益率は低下することになり、国債市場が投資家の資産運用の場として信認され難くなり、混乱することになる。金融市場は、その根幹である国債市場が混乱すると、国民資源の最適配分機能を十分に果たすことができなくなるため、通貨価値を不安定化させることは回避しなければならないのである。これに対して、意図的なインフレ率の上昇・通貨価値の下落により、自国政府債務の圧縮を図ろうとするモラルハザード的な姿勢は、投資家の信認を失うことで、市場機能を長期的には崩壊させることになるだろう。

＊22　１９７９年にボルカーは、徹底的な貨幣価値維持政策にもなるマネーサプライ管理を採用する。

◆国債管理政策の洗練化

図表4-4を再び確認してみると、米政府債務の対ＧＤＰ比率は、第2次世界大戦後の１９４７年には１０５・０％まで拡大していたものの、１９８1年には３０・６％まで低下している。１９７０年代の米政府債務残高は、年率平均８・９％で増加しているにもかかわらず、対ＧＤＰ比率が低下し続けたのは、急激なインフレーションによりＧＤＰが嵩上げされたからである。物価が安定しているときに発行した国債は、急激なインフレーションが発生しても、その債務額が切り上げられることがないため、政府にとってみれば、インフレ率の上昇は都合がよい。所得税や消費税もインフレーションの影響で嵩上げされるため、それだけ負債の負担を低下させるのである。しかし、通貨価値の低下による負債の圧縮が図るモラルハザード的な姿勢は、米国債への投資を検討する投資家には評判が悪い。通貨価値の下落により、実質的な損失を被ってしまうからである。米国債利回りは、インフレ率がピークアウトする１９８1年まで上昇したのは（**図表4-2**参照）、以上のような背景もあったと考えられるだろう。国債市場参加者の米国債忌避姿勢は、購入の手控えによる価格下落（利回り上昇）圧力となったわけである。

一方、80年代に、連邦準備制度による貨幣価値管理の徹底と、財務省による調達管理の拡充が協調的に実施されるようになると、１９８０年代の政府債務残高上昇率（10年間）が年率平均１３・２％まで上昇し、対ＧＤＰ比率も１９９５年６４・７％まで上昇していても、国債利回りは低下に転じ、市場参加者による国債消化に支障が生じることはなかったのである。

以上のように、国債をめぐる政策当局者間の協調的姿勢、中央銀行による貨幣価値管理の徹底、財務省による市場の声を反映させた市場に優しい調達管理の拡充は、国債利回りの急上昇や混乱を回避する時代への転換を促したのである。今後、われわれが国債市場の安定を確保するために、このような歴史の教訓を忘れてはいけないだろう。

21 低金利を謳歌した資金余剰国と2％下限水準割れ

◆金利の下限水準は2％だった

17世紀以降の欧州の資金の流れは、蓄積された商人たちの富が膨大な戦費を必要とする王室や政府による借り入れや公債発行により吸収されてきた歴史と言ってもよいだろう。「富の蓄積」が進めば進むほど、世の中の資金需要に応じることが可能になり、総じてその資金調達コストである金利水準が低下するはずである。信認の高い政府にとっては、放漫な王室とは一線を画し、この膨大な富を低利で吸収できたのである。

その欧州や米国金利の歴史を振り返ると、おおむねその下限水準は、2％であったのが確認される。

図表4-5で中世以降の欧州金利の推移を確認すると、2％は重要な節目

図表4-5　18世紀までの主要国債利回り

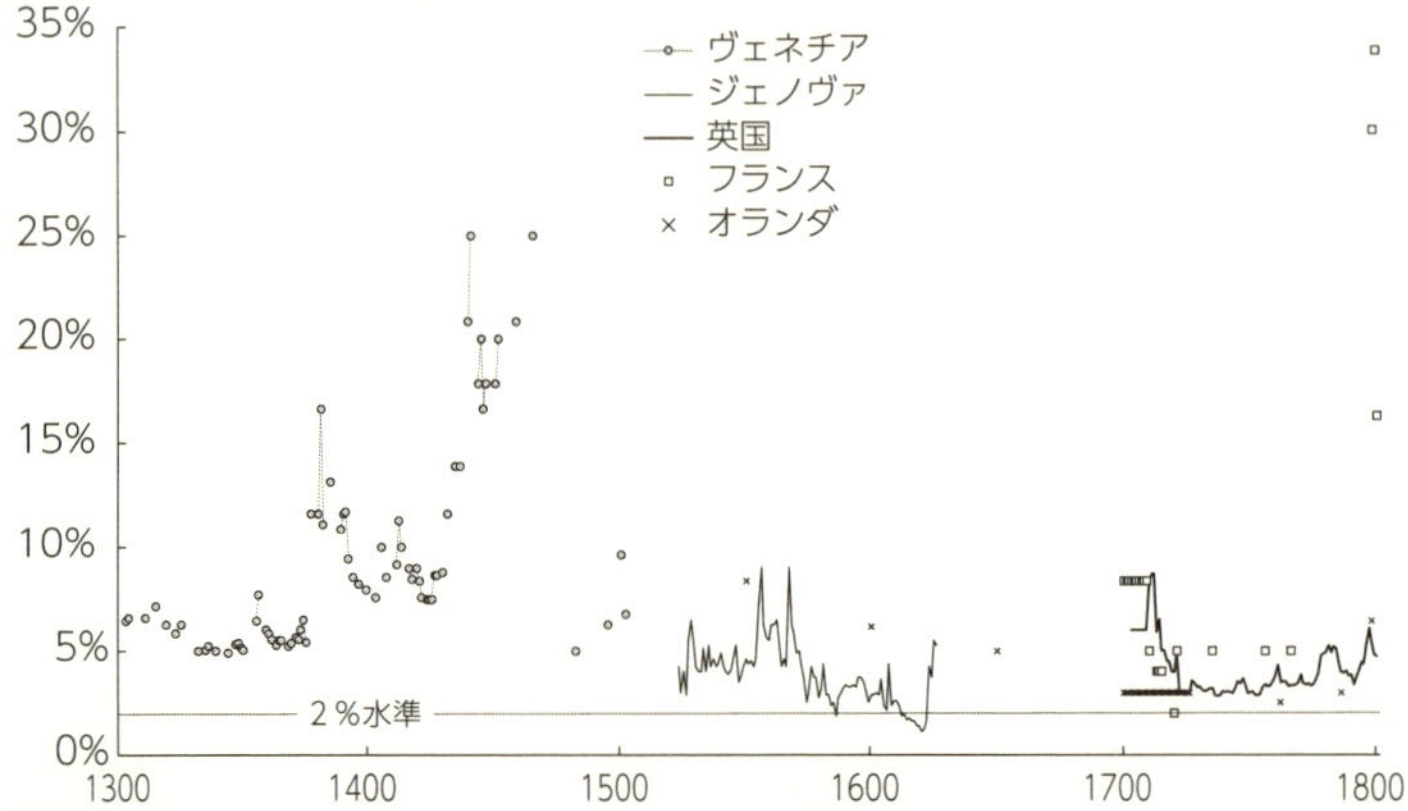

（出所）Homer & Sylla（2005）、OECD等のデータを基に作成。

であり、ジェノヴァのルオーギの配当割引金利は、17世紀に一時的に1・125％まで低下したものの、２％割れ水準は数年で２％以上に跳ね返されている。また、17世紀に栄華を誇ったオランダは、欧州における商業の中心地となり、交易による富を蓄積した。この蓄積された富は、オランダの年金公債などに投資されたため、公債利回りは低位で安定推移したのである。18世紀にかけてのオランダの公債利回りも、２％台が下限であった。

18世紀にフランスで発生したミシシッピー・バブルの時代には、公債利回りは2～2・5％まで低下したものの、そのバブル崩壊により公債価格は下落し、公債利回りは5％まで上昇している。英国のコンソル債の下限金利も、19世紀末や20世紀前半に２％台となっていることから、英国を含む欧州金利の推移を長期にわたり観察していくと、２％ラインというのは、次の金利上昇期への節目、金利の下限として重要な水準だったと言えよう。

◆最低金利国の変遷

交易や産業革命により、富の蓄積が進んだ地域や国では、持てる者の潤沢な運用資金が、持たざる者の調達資金となって、資金融通が円滑に機能すれば金利水準も低下する。そのため、最低金利国は、富の蓄積が進んだ地域であったケースが多い。興味深いことに、この最低金利国は、時代とともに覇権循環のように移り変わっているのである。中世から近世にかけての最低金利国は、イタリア諸都市群であり、17世紀には、その地位をオランダに譲り、18世紀を通して、オランダの富は資金供給センターとしてのアムステルダムを支えた。実際、オランダの金利水準は、英国を下回り低位で安定的に推移している。

その後19世紀に入ると、産業革命による富の蓄積が、最低金利国の地位を英国に移行させたが、**図表4-6**で確認すると、19世紀末には、南北戦争を乗り越えた米国の金利水準が英国を下回るようになった。世界の富が英国から米国に転移し、20世紀が米国主軸の時代になる兆候が19世紀末にすでに表れていたのであった。その後の米国では、１９２９年の大恐慌に引き続き、経済混乱が終息しなかった１９４０年代に国債価格支持政策が実施された。この時に、米財務省が発行した国債の利回りを低位で釘付けして、上昇しないように購入し続けたのが米連邦準備制度であり、その水準もやはり２％超だったのである。

しかし、低金利を謳歌した米国も、石油ショックが世界を席巻した１９７０年代に、膨大な累積経常黒字国となる日本に、最低金利国のバトンを譲った。主要国における最低金利国は、富の蓄積センターの移転とともに、イタリア→オランダ→英国→米国→日本という具合に移行したのである。その後、日本の国債利回りは、１９９７年に歴史的な金利下限２％水準を下回り、その後、２％以下の水準が常態化した。

図表４-６　19世紀以降の主要国債利回り

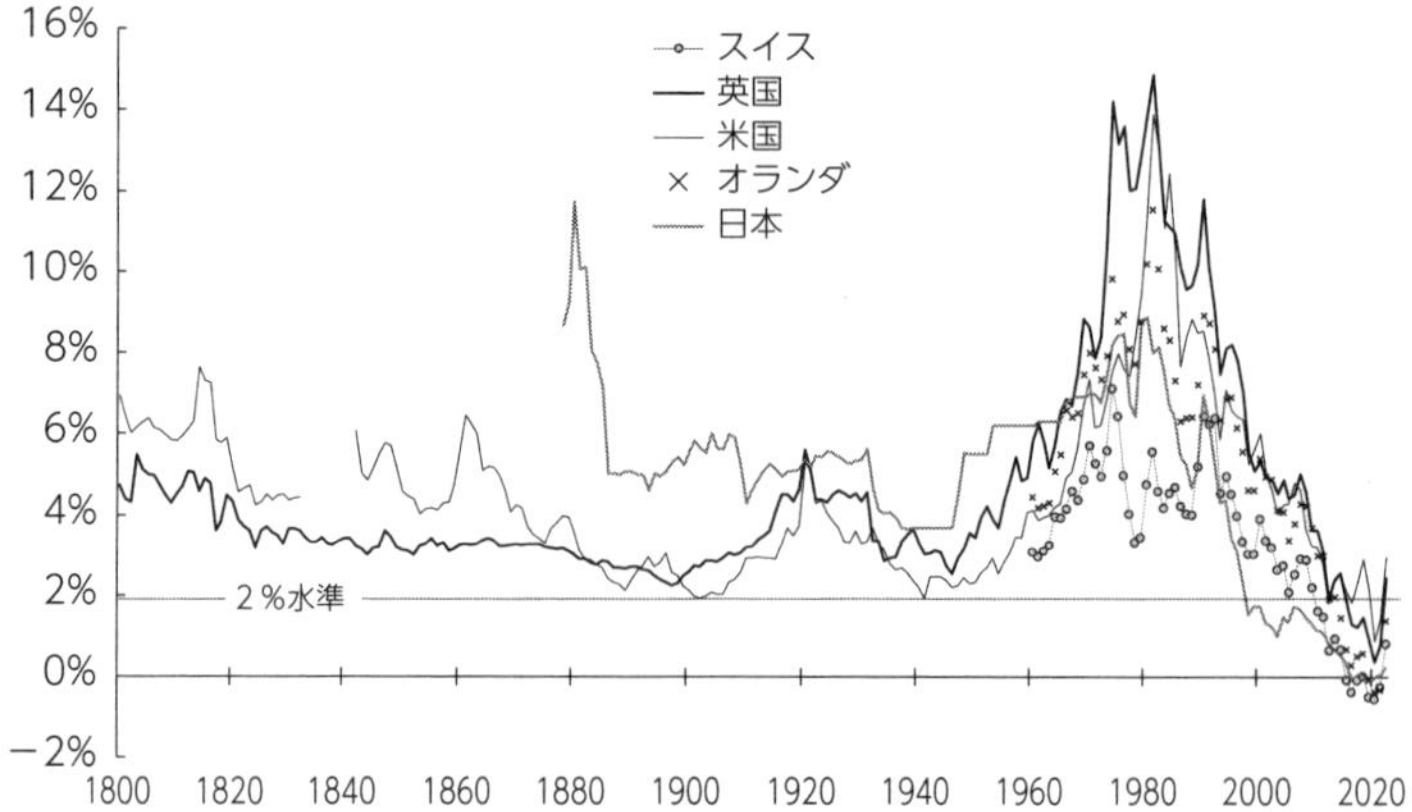

（出所）Homer & Sylla（2005）、OECD等のデータを基に作成。

◆最低金利国であるスイスと日本

興味深いことに、経済規模は劣るものの、永世中立国のスイスの国債利回りは、１９９０年代と２０００年代を除くと日本よりも低く、近年では、両国の国債利回りは並列的に低位で推移していた。いわば、最低金利国として日本と似た立ち位置にあるスイスは、国際金融市場における双子関係にあったとも言え、２００９年末に国債利回りが２％を下回った。低金利にもかかわらず、スイスフランの安定性は括目すべきであり、国際関係の悪化が叫ばれる中で、永世中立国としてのスイスフランの位置付けは従来よりも高まっていると言えよう。この点からは、スイスは、通貨の脆弱性・国際関係上の不安定性を抱える日本よりも相対的に優位にあるかもしれない。確かに２０２２年の世界的なインフレ率上昇局面では、このスイスの国債利回りは上昇しているが、日本の場合は、これまで累積されてきた経常黒字に変化の兆しが見え、積み上げられた高齢者の貯蓄（富）が時間をかけて取り崩されていくならば、必ずしも最低金利国としての地位が安定しているとは言えないだろう。２０２４年７月現在、再び日本よりもスイスの国債利回りが低くなっていることから、最低金利国としての日本の持続性には疑問符が付き始めていると言ってよいだろう。

ところで、歴史的な最低金利２％という水準観は、２００８年のグローバル金融危機以降に英米などの主要国でも崩れ去った可能性がある。世界的な危機からの脱出を図るために、世界中の中央銀行が、国債などを大量に購入し、長期金利を抑制したからである。２０１０年代に英米の国債利回りは、2％台を下回り、英国ではマイナス金利政策の採用によりマイナス圏にまで低下している。1940年代の戦時体制下で、金融市場の安定を目指して国債を買い支えた状況よりも格段に強烈な市場介入が実施されたのである。その意味では、グローバル金融危機以降の経済状況は、第2次世界大戦期の1940年代に匹敵する、もしくはそれを上回るほど不安定化していたと言えよう。このような政府介入がなければ、金融市場の混迷が深まると同時に、累増する国債発行残高に対する懸念から長期金利は大幅に上昇した可能性もある。歴史的な2％金利水準が下方修正されマイナス圏に突入したのは、強烈な中央銀行による介入があったからであると言えよう。

◆マイナス金利

欧州（2014年6月～2022年7月）やスイス（2014年12月～2022年9月）では、中央銀行がマイナス金利政策を採用するようになっている。

これまでは、理論的には考えられるという思考実験の1つであったものの、危機に対応するために、世界中での採用となったのである。従来の常識では考えられなかったマイナス金利が2010年代には市民権を得たと言ってよい。

日本においても、2016年1月に日本銀行は、マイナス金利政策を導入した。民間の金融機関が中央銀行に預けている預金金利をマイナスにする政策であり、金融機関は日本銀行に資金を提供しているにもかかわらず、一定部分の当座預金について金利を支払うようになったのである。この支払を避けるために、金融機関は、企業への貸出や投資に積極的になることが期待され、日本銀行は、経済活性化とデフレ脱却を目指す「マイナス金利付き量的・質的金融緩和」の１つとして実施したのである。

直接的な効果については、様々な見方や見解があるが、われわれが常識であると思っている「プラスの利子」だけでなく、それとは別に「利子ゼロ」、「マイナスの利子」といった様々な仕組みが実現している現代は、金利の歴史から見ると、異次元の世界に突入しているのが理解できよう。果して金利下限の２％ラインは、幻として消えさり、新たなレンジの時代が始まるのであろうか。

第5章
日本の金利史

22 明治維新以降の日本政府の資金調達手段

◆戦前に発行されていた外貨建日本国債

明治維新以降、第2次世界大戦に至るまで、日本政府は、主に4つの手段を用いて資金を調達してきた。その4つの手段とは、内国債、外国債（外貨建日本国債）、短期債、借入金である。内国債は、国内で発行された円建て日本国債であり、支那事変国庫債券・大東亜戦争国庫債券等の戦時国債も含み、外国債は、ロンドン市場等で発行された英貨・米貨・仏貨建ての日本国債のことである。短期債は、1886年に初めて大蔵省証券が発行されて以降、一時的な政府の資金調達を賄う目的で発行された。米穀証券（食糧証券）・蚕糸証券等の政府短期証券も該当する。借入金は、各種金融機関および預金部（戦後の大蔵省資金運用部の前身）などからの借入金であり、一時借入金も含む。特に日本銀行からの借入金・一時借入金は、日本銀行側から見れば政府貸上金・政府一時貸上金と呼ばれる。

1904（明治37）年ロンドンで発行された六分利付英貨債証券（見本）

注意しなければいけないのは、日本国債は、日本円だけで発行されてきたわけではなく、外貨建てで発行されたこともあるという点である。なかでも明治政府発足後初めて発行された日本国債は、英貨であるポンド建てであり、国内での余剰資金が乏しかったため、ロンドン市場で必要資金を調達した。具体的には、１８７０（明治３）年発行の九分利付外国公債（１８８２年償還）、１８７３（明治６）年発行の七分利付外国公債（１８９７年償還）であり、それぞれ鉄道敷設資金、秩禄奉還者への生業資金給付財源を用途として調達された。発行時の利回りは、それぞれ９・２８％、７・６８％であったため、１８７０年代のロンドン市場の主役だった英コンソル債の利回り３・０〜３・３％程度と比べると、高金利での資金調達を余儀なくされたのがわかる。国際金融センターであるロンドン市場では、日本国債は、新興国の１つとして取り扱われ、当時の英国や欧州の投資家は、信用リスクが高い分だけ、高い利回りを要求したのである。

図表５-１　政府債務残高比率（1868年末〜2022年度末）

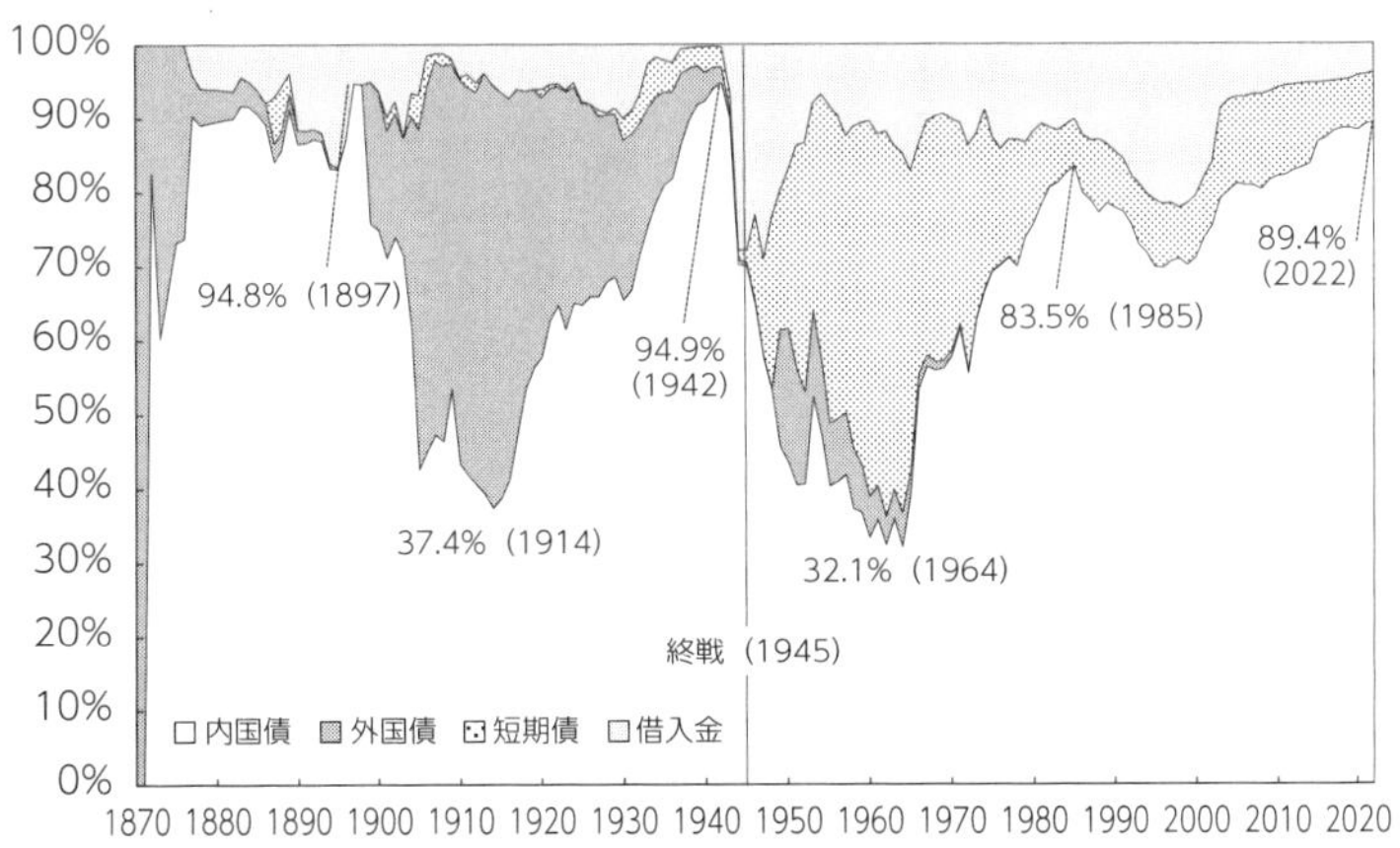

（出所）1892年までは年末、それ以降は年度末。大蔵省財政金融研究所財政史室（1998）『大蔵省史―明治・大正・昭和―』、大蔵省・日本銀行編（1948）『財政経済統計年報』、大蔵省『国債統計年報』各年度。

◆日露戦争まで拡大した内国債比率

図表5−1は、明治維新後の種別の政府債務の構成比率の推移を示しており、1872（明治5）年に旧藩債処分のために新公債、旧公債が発行されるまでは、外国債の構成比率は100％であった。この時期を第1期（1870年末～1872年末）として、日本の政府債務の構成比率が、国際政治情勢および経済環境に応じて変化していく推移を7期に分けて確認すると次のようになる。

第2期（1872年末～1897年度末）は、外国債が償還され内国債の構成比率が94・8％まで上昇した「内国債拡大期」である。この間には日清戦争にかけて借入金の比率が高まり1896年には短期債による資金調達も一時的に実施されている。具体的には、家禄および賞典禄としての金禄公債（約174百万円）、従前発行の6分以上利付の内国債を償還整理するため整理公債（175百万円）、清国および朝鮮国との交渉事件に関する軍事費支弁のための軍事公債（約125百万円）等が順次発行され、*1 内国債の比率が上昇した。さらに、1897（明治30）年には、七分利付外国公債が償還され、内国債は94・8％まで上昇している。特に金禄公債は、東京株式取引所での売買も活発であり、明治初期の金利水準の変化を確認するのに都合がよい。5％利率の整理公債は、公債の統一整理を目指して、6％超の利率で発行された公債を乗り換えるために発行されたものであり、金禄公債に匹敵する発行残高を誇った。軍事公債は、日清戦争の戦費調達のために発行された公債であり、預金部等の引受に

＊1　各債券の利率は、新公債が4％、旧公債が無利子、政府紙幣回収償却のための金札引換公債が6％、秩禄奉還者に営業資金を供給するための秩禄公債が8％、金禄公債が10％・7％・6％・5％の4種、維新後官職を離れて無職となりたる旧神官に交付するための旧神官配当禄公債が8％、農工商百般の起業費に充てるための起業公債が6％、鉄道敷設に充てるための中山道鉄道公債7％、政府紙幣回収償却のための金利引換無記名公債が6％、海軍拡張の費用に充てるための海軍公債・整理公債、鉄道敷設の費用に充てるための鉄道費補充公債・同鉄道公債（た号）・軍事公債・既設官設鉄道改良等のための事業公債が5％であった。

加え、国民から広く資金を集めた（公募発行）。軍事費を目的とする公債の発行は、太平洋戦争期まで増加し続け、１８７０（明治３）年から１９４５（昭和20）年度までの新規発行国債累計額に対する軍事費目的の発行額は７５・６％にのぼった。[*2] 中央政府の発行する国債の資金調達目的の大部分が軍事費であった点で、スペインその他の欧州地域の王室やイタリア諸都市群等とも共通していると言えよう。

◆日露戦争終結から第１次世界大戦まで外国債が拡大

第３期（１８９７年度末～１９１４年度末）は、内国債比率が３７・４％まで低下する一方、日露戦争時の六分利付英貨公債等（外貨建日本国債）の発行により外国債比率が５７・２％まで急上昇した「外国債拡大期」である。ロンドン市場での外貨建日本国債の発行について悲観的にみられていたものの、当時、日本銀行副総裁を務めていた高橋是清は、４回にわたり計８、２００万ポンドの資金を調達し、日露戦争の大部分の戦費調達に成功した。英コンソル債の利回りが２・８％程度で安定していた時期に、１９０４年に発行した（第１回・第２回）六分利付英貨公債（１９１１年償還）が７・２％、７・８％だったのに対して、１９０５年に発行した（第１回・第２回）四分半利付英貨公債（１９２５年償還）が５・３％に低下した。これらの英貨債の残存年数が異なるため単純比較はできないが、四分半利付英貨公債と英コンソル債の利回り差（スプレッド）が、２・５％程度まで縮小しているのは、日本政府の信用度が高

＊２　大蔵省編（１９５８）、2頁参照。

高橋是清（１８５４～１９３６）が肖像画として使われた50円札

まった証左と言えよう（一般に、信用度が低い債券発行体の利回りは、英国債の利回りよりも大幅に高まり、逆に信用度が高い債券発行体の利回りは、英国債の利回りに近づく）。

日露戦争終結から第1次世界大戦までは、「桂内閣の非募債主義に示されるように、累積した戦時公債や戦後の鉄道国有化に伴う交付公債を償還し、低利に借り換え、新規発行を抑える方針」が採用され、内国債残高も14・2億円（1909年度末）から9・9億円（1914年度末）まで減少している。相次ぐ国債保有の優遇策が発表されたものの、国内での発行は、銀行等の引受シンジケート団の反対から、利率を引き下げて四分利債の発行に漕ぎ着けたのは2回にとどまり、その他は外貨建日本国債での資金調達に委ねざるを得なかった。そのため、1910年には、四分利付仏貨公債（邦貨換算約174百万円）、第3回四分利付英貨公債（邦貨換算約107百万円）が発行されており、外国債の構成比率の上昇の要因の1つとなった。

なお、1908（明治41）年および1909（明治42）年には、鉄道国有化に際して、鉄道会社の既存株主に対して代償交付された甲号五分利公債が発行されている。この公債は、発行額が約476百万円と巨額であり、かつ満期償還年が1962年および1963年と長期にわたることから、その後1930年代まで国債の指標銘柄として位置付けられた。

◆第1次世界大戦後に内国債が拡大

第4期（1914年度末～1942年度末）は、第1次世界大戦期の五分利国庫債券、臨時国庫債券、鉄道債券による国債発行増加に始まり、内国債の発行が増加基調で推移した。大正期の場合には、軍事費のための国債も発行したが、鉄道・電信・電話等の拡充や台湾・朝鮮・樺太・関東州の事業拡充といった積極財政のために国債で調達した資金を使用したケースが目立つ。1923（大正12）年の関東大震災以降は震災善後費のための国債に加え、1924年には六分半利付米貨公債（1954年償還）や六分利付英貨公債（1959年償還）といった外貨建日本国債も発行された。この調達資金は震災復興費にも使用されたが、発行利回りが7・1%、7・0%まで上昇し、調達条件が悪化したため「国辱公債」と称して非難された。

日本銀行は、関東大震災後の日本経済が低迷状態から脱することができなかったため、1925年以降、断続的に利下げを実施したが、1927年の昭和金融恐慌以降はさらに積極的な金融緩和策が実施された。1928年以降は、金解禁[*3]による金融逼迫懸念が台頭したものの、1932年からは、日本銀行による利下げに加え、国債引受が始まり、国債利回りは低下基調に転じた。1936年の二・二六事件以降は、馬場鍈一蔵相が、三分半利債の発行に踏み切り、支那事変国庫債券、大東亜戦争国庫債券などの戦時国債が大量に発行されたが、銀行による国債割当が実施されるなどの国債消化額が徹底され、さらに日本銀行や預金部による国債価格支持政策が導入されたことも手伝い、国債利回りは3・7%弱で半固定化された。これら

＊3　1917年9月から停止していた金輸出を再開し、金本位制に復帰したのは、1930年1月からである。

大東亜戦争国庫債券

の大量に発行された戦時国債残高の増加により、内国債比率は94・9％まで上昇したため、「内国債拡大期」であると言ってよいだろう。

また、1931年末以降は、金輸出再禁止により海外市場での資金調達が難しくなったため、外国債比率は2・1％まで低下した。さらに短期債は、公募入札や預金部引受も実施されたが、日中戦争以降は「凡そ政府短期証券の記載方法といえば日銀引受を以て当然とする」[*4]に至っている。短期債比率は戦後の1946年度末に11・7％まで上昇しているが、戦前・戦時期には1933年度末6・1％を上限としており、主たる調達手段ではなかった。

◆戦時下に拡大する借入金

第5期（1942年度末〜1944年度末）は、朝鮮銀行、南方開発金庫、横浜正金銀行からの借入金が増加する「借入金拡大期」であった。政府債務の借入金比率は、1895年度末（16・6％）にかけての日清戦争期、1903年度末（12・7％）の日露戦争期、そして1943年度以降の太平洋戦争末期といった戦時期に上昇する傾向が確認できる。1944年度末には27・9％まで急上昇しており、戦時末期の政府資金の調達手段としては非常に大きな役割を占めたことになる。この政府借入金は、1943年度末から1944年度末にかけて約370億円増加するものの、内国債増加額が約301億円にとどまっていることから、戦時末期の政府資金の調達は主に借入金シフトしたと言える。また、日本銀行による国債引受の際

＊4　日本銀行（1956）、23頁。政府短期証券について、「三代に亘って戦われた数次の戦争は、その都度このような平時における正常な財政金融方式を崩壊させる要因としての役割を演じた」としている。

朝鮮銀行本店。現在も韓国銀行貨幣博物館としてソウル市内に残る。

にも政府一時貸上金が先行され、戦況の急変に応じて機動的に対応しやすい借入金による資金調達に軸足が置かれ、内国債比率は７０・２％まで低下した。臨時軍事費による内国債の発行は増加したものの、戦時末期の政府債務に占める割合は低下したのである。

◆短期債が拡大した戦後

第６期（１９４４年度末～１９６４年度末）は、大量に発行された食糧証券や外国為替資金証券といった短期証券が借り換えられつつ累増し、１９６２年度末にはその構成比率が５２・１％まで上昇する「短期債拡大期」となった。また内国債は、ドッジ・ラインによる巨額の債務償還により、１９５０年度には大幅な戦時国債の買入消却が実施されるなど[*5]、その比率は、１９６４年度末に３２・１％まで低下した。さらに第７期（１９６４年度末～２０２２年度末）は、１９６６年度に国債発行が再開したため、内国債の比率は１９８５年度末に一時的に８３・５％でピークアウトする期間もあるが、上昇基調が続き２０２２年度末８９・４％まで上昇している。１９９６年度末には借入金比率が２２・２％まで上昇し、内国債比率も６９・７％まで低下したが、金融危機後の経済対策による国債発行増により上昇基調に戻ったため、通期では「内国債拡大期」であったと言えよう。２０２２年度末現在には、内国債１、１３６兆円、外国債０、短期債85兆円、借入金50兆円の計１、２７１兆円にまで政府債務は拡大している。

＊５　大蔵省編（１９５８）、87頁参照。１９５０年度に内国債は、繰上償還41・７億円、買入消却３４９・５億円、国債整理基金保有国債償却１２４・０億円など含め計５２３・６億円が償還された。

◆変遷してきた政府資金調達経路の主役

以上のように、外国債100％⇓内国債拡大期⇓外国債拡大期⇓内国債拡大期⇓借入金拡大期⇓短期債拡大期⇓内国債拡大期という推移をたどりながら、政府の債務構成は時代とともに変化してきた。政府債務の構成比率は、経済環境により大きく変動してきたが、内国債拡大期が発生した後に、政府の資金調達経路の主役が転じているのが確認されよう。日清戦争後の1897年（内国債比率94・8％）も太平洋戦争開戦後の1942年（94・9％）も90％超を記録した後に外国債シフト、借入金シフトが加速している点は注目すべきかもしれない。そのため2022年度末現在の内国債比率89・4％がさらに上昇していくならば、いずれ他の調達経路である短期債、外貨建日本国債、もしくは借入金にシフトするシナリオも頭の片隅に入れておいてもよいだろう。日本政府の国債発行による資金調達は巨額化しており、国債を大量に保有する日本銀行による非伝統的金融政策の正常化の過程では、金融市場を介しての国債発行の難易度も高まるはずである。市場を介さない借入金もしくは非市場性国債での調達や、短期債での調達に主役が変更する可能性もあながち否定できないだろう。

23 明治初期の国債暴落？

◆5種類に区分できる明治初期の国債

政府債務の構成比率は、時代とともに変遷を繰り返したが、外国債100％時代に続く内国債残高が拡大した時期に、国債利回りはどのように推移したのであろうか。

まずは、明治初期に発行された国債は、その発行特性に応じて5種類に区分できることから確認したい。第1に、封建社会制度の円滑な移行を図るために交付した国債として、旧藩時代の各藩の債務を新政府が引き継ぐために債権者に交付された「新公債」「旧公債」と、封建時代の秩禄受給者を対象に公付された「秩禄公債」「金禄公債」「旧神官配当禄公債」がある。第2に、紙幣発行の後始末を進める交付公債として財政・通貨整理を進めた「金札引換公債」「金札引換無記名公債」、第3に、政府が産業育成に乗りだしたことを反映して必要資金を調達した殖産興業債である「起業公債」「中山道鉄道公債」、そして第4に、近代的な海軍建設を目指した軍事債である「海軍公債」が発行されている。

当時の国債売買は、相対による店頭取引等が主軸だったが、東京株式取引所が創設された1878年には、取引所における定期取引（長期清算取引）も盛り上がりを見せた。その中でも、換金ニーズが高く売買高が多かったのが、強制的に禄が廃止され、華族・士族に交付された金禄公債であった。金禄公債の発行額は、際立って巨額であり（内国債の未償還債残高の7割程度）、取引所でも活発に取引されている。金禄公債は、五分利付、六分利付、七分利付、1割利付の4種類があったが、中でも七分利付金禄公債（発行額108・2百万円）[*6]は、1878（明治11）年9月11日に、東京株式取引所にて売買が開始され、債券市場の動向を代表する指標となった。第22節でも示したように、4種の金禄公債を合わせると「発行額が1億7、390万円と巨額であったばかりか、その分散度も高く、受領者は30万人を超えていた」[*7]こともあり、当時の公債取引の大部分を占めたのである。

◆士族の資金難による利回りの上昇

1878（明治11）年9月に8・87％（利含み単価83・97円）であった七分利付金禄公債の利回りは、士族の資金難により換金売りが多く1880（明治13）年12月には12・20％（同60・79円）まで大幅に上昇している[*8]（**図表5-2**参照）。明治維新後の資金蓄積は乏しく公債の購買意欲が盛り上がらない中で、生活に困窮する旧士族の切羽詰まった換金

東京株式取引所（1910年頃）

*6　1割利付債9・2百万円、六分利付債25・0百万円、五分利付債31・4百万円の発行額である。

*7　東京証券取引所（1974）、9頁参照

ニーズが売却圧力となり、需給状況が大幅に偏っていたのである。しかし、松方デフレを背景に物価下落が顕著になると、投げ売りされた金禄公債は買い戻され、１８８６（明治19）年４月の利回りは、６・12％（利含み単価１１０・５１９円）まで低下していることから、金禄公債保有者の評価損は一気に解消したのである。

明治政府は、高金利で発行された公債の利払い負担を緩和するために、五分利債である整理公債を発行し、借り換えを推進した。整理公債発行に伴い、七分利金禄公債の大部分（94百万円）は、１８８６（明治19）年11月から１８９１（明治24）年９月にかけて整理償還された。この間、五分利金禄公債の価格（利含単価）は、償還価格１００円を挟んだ９６・００円～１０４・８２円（利回り５・４３％～４・６４％）だったが、七分利付金禄公債の価格（同）は、１００・９４～１０７・７６円（利回り６・９８％～６・３３％）で推移した。注目すべきは、同じ金禄公債でも、利回り水準では、１・６％程度の格差が常時生じている点である。

この件に関しては、『国債沿革略』第２巻には、「七分利付証券の明治二十年以降売買価格六分利付証券に対比し割合に低価なるは整理公債条例に依る借換整理の影響を受けたるに由るものならんか然れども金禄公債の利子は総て五箇月を後れて支払うものなれば元金償還の際利子を得ること他の公債に比し多額なるに由り低利借換の挙あるにも拘らず比較的なお其の価格を維持し著しき影響を示さざりき」*9と記されている。本来、利率の高低により利回りの格差が顕著に拡大することはないが、長期間にわたり格差が持続しているのは、第１に、金禄公債は抽選償還（借換整理）により、償還価格１００円で強制的に償還される可能性があるため、抽選

*8　１９０６年11月償還を前提に、利含み単価を裸単価に修正して複利利回りを算出した（期限前償還は勘案せず）。実際には、七分利付金禄公債は、順次、償還が続き１８９１年９月までに全額償還された。なお、時価については、『明治前期産業発達史資料』別冊第19・第４～第５の「東京株式取引所期月相場」（１８７８年９月～１８８３年12月）、『東京株式取引所営業報告書』の「東京市場・当限の定期取引」（１８８４年１月～１８８５年12月）、『東京株式取引所月表』の東京市場・直取引日次データ月中平均値（１８８６年１月～１８９２年12月）を採用した。

*9　大蔵省理財局（１９１８）、１８１～１８２頁参照。

償還を見越して、七分利債の価格が額面を極端に上回って上昇しなかったためと考えられる。一方、第２に、強制的に償還された場合には、遅れて支払われる金利を受け取れるため、抽選償還によるマイナス分は一定程度相殺されたとしている。

整理公債への借換え償還の対象が六分利付以上であり、かつその影響が大きい高利率債ほど（高利率債ほど時価が高いため、額面１００円で強制償還された時の償却損が大きい）、償却損を割り引いて低価格で評価された（利回りが高かった）わけである。**図表5-2**において、強制的に整理公債に借り換えられる対象である金禄公債の利回り水準が、七分利付＞六分利付＞五分利付（借換え対象外）になっているのはこのためである。

実際に整理公債は、１８８７年から１８９７年にかけて発行され、六分利付以上の公債は全てこの公債に整理統一された。整理公債は、五分利・無記名・50年償還債であり、金禄公債の大部分が吸収されて残高も多く、１８９３年には内国債の未償還債残高の６割を上回った。そのため、流通市場での指標的位置付けも金禄公債から整理公債に交代したと言ってよいだろう。日清戦争直前には、整理公債の複利利回りは４・５４％程度まで低下したが、その後、趨勢的に上昇基調で推移することになる。

図表5-2　戦前主要長期国債利回り（%）

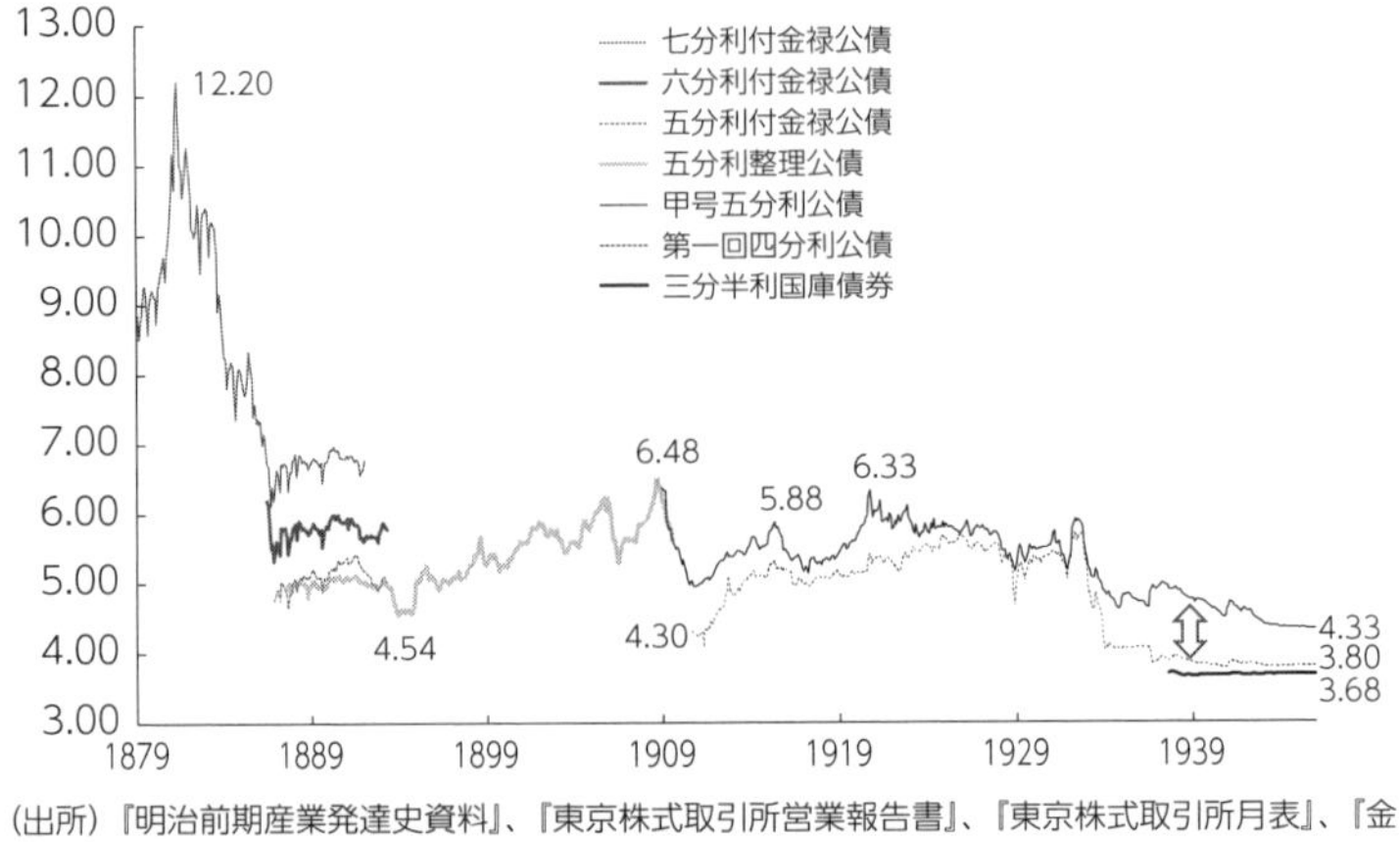

（出所）『明治前期産業発達史資料』、『東京株式取引所営業報告書』、『東京株式取引所月表』、『金融事項参考書』、『国債統計年報』のデータを基に作成。

24 日中戦争以降に海外で暴落する日本国債

◆相次ぐ内国債と外貨建日本国債の発行

日清戦争から第１次世界大戦にかけては、外国債拡大の時代であったが、その間にも、わが国の戦前期国債市場の指標となる大型銘柄が発行されている。

まず１９０８年、１９０９年には、鉄道会社株式買収の代価として甲号五分利公債が発行された。日露戦争後の国債未償還残高に対しては2割弱の比率しか占めなかったものの、東京株式取引所における債券売買高に占める甲号五分利公債の割合は非常に高かったため、甲号五分利公債は指標銘柄の１つとされた。

図表5-2で確認すると、整理公債の利回りが日露戦争後の１９０８（明治41）年4月に6・48％のピークをつけた後に、前記したように桂内閣により国債償還が加速し、利回りが低下基調で推移するように転じている。「公債整理の準備工作として国債市価の吊上策」[*10]を講じた

＊10　大蔵省編（１９５３）、3頁参照。

影響が大きいとされている。具体的には、公債利子に対する所得税を免除し、政府に対する保証金その他担保に充用する国債の担保価格を、従来の8掛より額面まで引上げるなどの国債保有の優遇策を実施したのである。さらに、東京株式取引所に国債の直取引、競売買を設けて国債取引の円滑化を図り、極めつけは、市場に買出動して国債市価の吊上を図ったため、国債価格は、大幅に上昇したのであった。

甲号五分利公債価格（利含単価）は、1908（明治41）年8月の80・20円（利回り6・37％）から1910（明治43）年5月の103・10円（利回り4・96％）まで急騰（急低下）している。[*11] このように政府は、低金利に誘導した上で、期限到来の五分利公債（5％利率）を四分利公債（4％利率）に借り換え、甲号五分利債に次いで売買高が多かった第1回四分利公債（約176百万円）、第2回四分利公債（約100百万円）が発行された。その後第1次世界大戦にかけては、卸売物価が上昇する過程で、1914（大正3）年12月の利含み単価86・22円（利回り5・88％）、1920（大正9）年5月の同82・74（利回り6・33％）まで、2回にわたり下落（利回りは上昇）した。

内国債は、売買高が多い銘柄が誕生したものの、日露戦争で拡大した未償還残高は、第1次世界大戦に至るまで減少した。一方、ロンドンやニューヨークでは、外国債（外貨建日本国債）の発行が活発化する。[*12] 外貨建日本国債は、国内にも持ち込まれて（輸入されて）東京市場や大阪市場で活発に売買されていた。外貨建てであるため、為替変動リスクを伴うものの、相対的に高利回りであったため、国内市場参加者の注目度は高かったのである。そのため、同一

*11　この他に、有沢広巳編（1978）、53頁によれば、「軍事公債は、市価が下落しても最低発行価格で債権・債務計算しうる」ことになり、国債保有の優遇策が図られている。

*12　本節で記す外貨建日本国債の内外比較については、平山（2022）参照。

銘柄についての利回りが、市場ごとに連動していたか否かを確認できる。

◆戦時に国内外で利回り格差が拡大

1931年9月に英国が金本位制から離脱するタイミングで、緩やかに低下基調で推移していた外貨建日本国債利回りは、東京、ロンドン、ニューヨーク市場で同時に上昇し始めた。1932年には、わが国でも金本位制を停止し（金輸出再禁止）、資本逃避防止法や外国為替管理法が相次いで制定され、内外資金移動の管理が強化されるようになると、日本国内の国債管理政策が及ばないロンドン市場やニューヨーク市場では、外貨建日本国債の利回りが東京市場よりも高くなり始める。日本国債の利回りは、内外市場の連動性が絶たれ始めるのであった。国家の統制が効く国内市場での安定とは裏腹に、その範疇外の海外市場は不安定化しており、内外市場で異なった値付けが行われるのが常態化したのである。

たとえば、ロンドン市場と東京市場で決定されていた第1回四分利付英貨公債の利回りは、金輸出再禁止が実施される1932年まで、おおむね内外ともに同水準で推移していたものの、わが国の資本逃避防止法・外国為替管理法制定による内外資金移動の管理強化と歩みを揃えるように、内外の利回り格差が拡大していった。その後日英間の利回り格差は、日中戦争がはじまる1937年7月の4・38％（ロンドン市場8・38％、東京市場4・00％）からポーランドにドイツが侵攻する直前の1939年8月の17・04％（ロンドン市場21・04％、東

＊13　日英市場の分断について、詳しくは富田（2006）、432～436頁参照。

京市場4・00%）まで拡大する（図表5-3参照）。東京市場での利回り水準は変わらなかったものの、ロンドン市場でポンド建日本国債が大暴落したのである。その後、利回り格差は、急速に拡大し始め、太平洋戦争が始まる1941年にかけてロンドン市場の同銘柄の利回りが急騰（価格が暴落）したため、1941年4月の利回り格差は23・77%にまで拡がったのである。

この市場分断については、「金融鎖国で財政規律が弛緩[13]」した日本政府に対して、国際金融市場が警告したものであるとの指摘もあるが、英国の戦時統制強化による影響は見逃せない。英国の場合は、1939年8月に国家緊急権法（Emergency Powers Act）が制定され、英国債の最低市場価格の制定や、外国貨幣および外貨証券の政府集中を促す金利統制が実施されたのである。さらに1940年6月にフランスがドイツに降伏すると、外貨及外国証券取引禁止などにより、ロンドン市場の資金は専ら英国公債に集中するようにされた。そのため、1940年のロンドン市場では、英国債（コンソル債）の価格は堅調に推移したものの、日本に加え、オーストリア、ベルギー、ドイツ、ハンガリーといった欧州戦地国や、南米チリの国債価格は大幅に下落したのである。自国の国債を優遇するという統制が強化され

図表5-3　外貨建日本国債利回り（市場別）

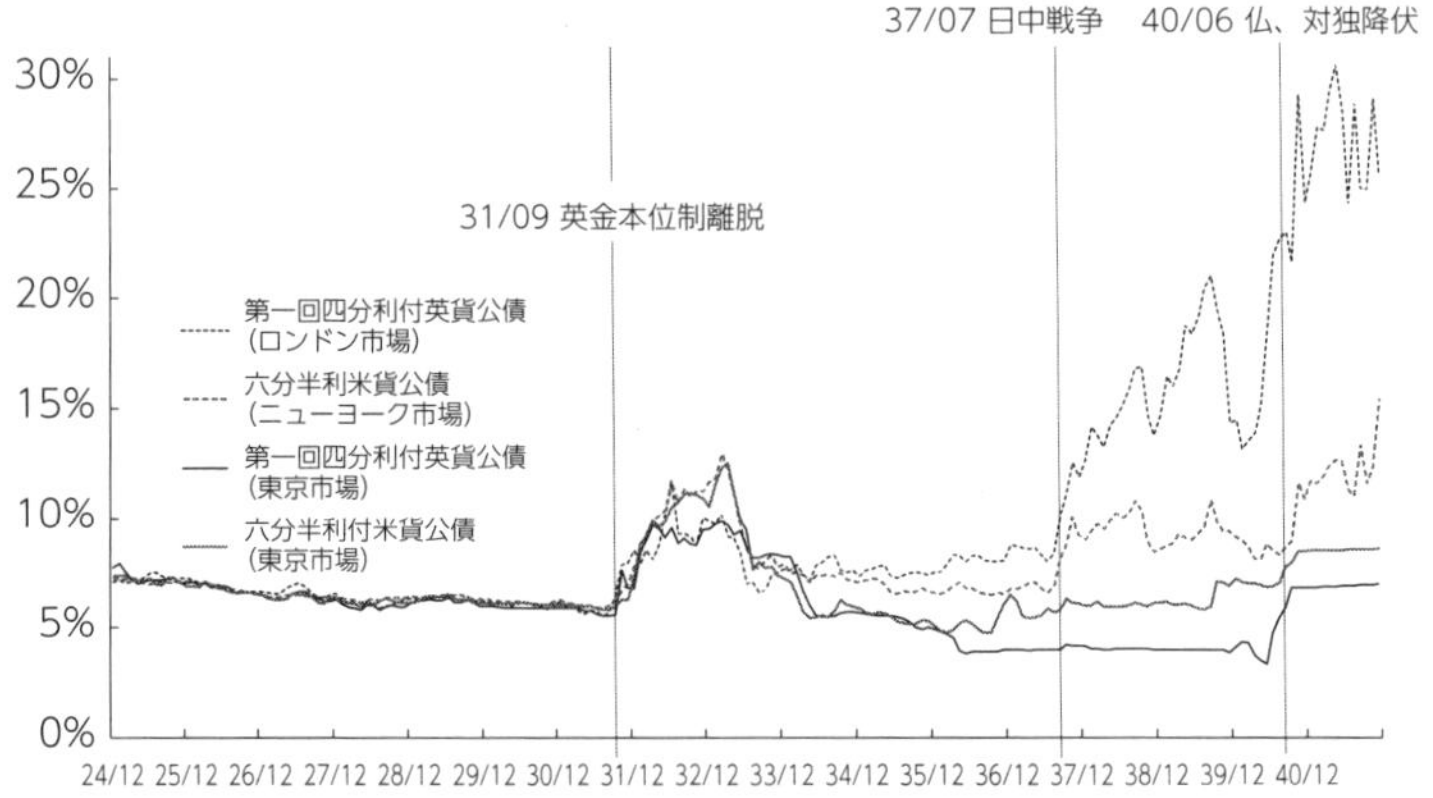

（出所）大蔵省『国債統計年報』『金融事項参考書』のデータを基に著者作成。

たため、ロンドン市場における日本国債と英国債の格差は拡がるものの、東京市場におけるポンド建日本国債の格差は顕著にならなかったと言えよう。

一方、ニューヨーク市場と東京市場で決定されていた六分半利米貨公債の利回りは、金輸出再禁止が実施される１９３２年まで、おおむね同水準で推移していたのはロンドン市場と同じだが、その後の利回り格差の水準は大きく異なる。日米間の利回り格差は、日中戦争がはじまる１９３７年７月の１・２０％（ニューヨーク市場６・８８％、東京市場５・６８％）からポーランドにドイツが進行する直前の１９３９年８月の４・８９％（ニューヨーク市場１０・８６％、東京市場５・９７％）まで拡大した。この利回り格差がさらに上昇に転じるのは、太平洋戦争開戦直前の１９４１年11月の６・８３％（ニューヨーク市場15・４２％、東京市場８・５９％）であったが、金利統制が強化されたロンドン市場とは大きな格差が存在する。国際関係が不安定になった時期には、金融市場の分断が進み内外利回り格差が拡大するものの、ロンドン市場は、欧州戦争の主戦場であったこともあり、ニューヨーク市場とは比較にならない程の利回り格差が生じたのである。

平時には、内外市場間で、目立った利回り格差が生じなかった外貨建日本国債も、戦時には、金融市場の分断が顕著になり格差が拡大していた。さらに、その格差も各地域の状況に応じて、その影響も異なっていたのである。現代を生きるわれわれは、金融市場が、グローバルに統合されていることを前提に、金利や市場価格の連動を所与のものとして受け入れているが、国際政治情勢の変化に応じて、この統合度合いが低下し、市場間の分断が生じる可能性も頭の片隅に懐いておくべきかもしれない。

25 高橋財政と国債日銀引受体制

◆内国債価格を安定化させた仕組み

第1次世界大戦以降、太平洋戦争にかけてわが国政府の債務は、第23節で示したように、内国債にシフトしていくことになる。このシフトが可能だったのは、内国債の利回りを安定化する仕組みが機能したためであった。日中戦争以降、外国債（外貨建日本国債）がロンドン市場やニューヨーク市場で大暴落したにもかかわらず、東京市場での内国債価格を安定させ得た仕組みは、高橋是清大蔵大臣による日本銀行の国債引受に加え、国内での国債優遇政策が実施されたからである。このような国債利回りを抑制する政策は、金利上昇により金融機関が痛めつけられた経験から、円滑に国債発行を増加させる手法を模索する中から生み出されたものであった。その経過を整理すると次のようになる。

銀行だけではなく社会全体に大きな波紋を呼んだ1927（昭和2）年の昭和金融恐慌に続

井上準之助（1869～1932）・濱口内閣の蔵相時代

き、１９２９（昭和４）年7月には、井上準之助が大蔵大臣に就任し、１９３０年には、旧平価での金解禁を実施したが、市場実勢よりも円高水準での金本位制への復帰であったため、景気はさらに悪化した。１９３１（昭和６）年９月に、満州事変が勃発する中で英国が金本位制を停止したため、為替市場では、いずれ日本も、金本位制停止に追い込まれ、円が下落するとの観測が高まった。短期的な価格変動に賭けて売買を繰り広げる投機家は、大量の米ドル買い・円売りを仕掛けたため、それに防戦するために、日本銀行は商業手形割引歩合を二度にわたり引き上げたのである。その影響を受けて甲号五分利公債は、同年7月の時価９５・１３円（利回り５・１７％）が同年12月に８７・００円（利回り５・９２％）まで暴落したため、大量に国債を抱えていた銀行は大幅な評価損失を被ったのである（**図表5-2**参照）。主要銀行は、別途積立金を取り崩し、この損失の償却を迫られた。この経験は、金融機関の国債投資に対する忌避姿勢を生む可能性があったこともあり、同年12月に大蔵大臣に就任した高橋是清は、国債投資優遇政策を実施して、国債消化の円滑化に心を砕くのであった。

金輸出再禁止（金本位制停止）により、１９３２（昭和７）年には円安が進行し、日本銀行は利下げに転じるとともに、政府は、融通期間30日以内の国債担保貸出の高率適用免除や国債の価額計算に関する法律を施行するなど、円滑な国債消化のための施策を講じたのである。特に後者は、財産評価を時価とする商法の規定の特例として、国債価額については大蔵大臣が告示する標準発行価格での財産目録への記載が認められたものである。１９３１（昭和６）年下期のように、国債価格が暴落した場合でも、発行価格で評価することが可能になるため、売りが売りを呼ぶような変動率の高い状況を回避でき、安心して国債を保有することが可能になったのである。国債保有者の不安感を払拭することを通して、国債の発行を容易にするとともに、国債価格の維持も期待された。

このような国債投資優遇政策を実施した上で、日本銀行は、同年11月に長期国債（四分半利国庫債券）の日本銀行引受を開始したのである。国債の引受とは言っても、日本銀行が長期にわたり保有し続けるものではなく、市場動向や金融機関の状況に応じて、日本銀行が引受国債を順次売却したため、市場に対する過度な資金供給になることは回避された。各種の国債投資優遇政策が実施された後であったため、この引受国債の市中売却は、円滑に実施され、国債利回りの安定に貢献したのであった。暴落していた甲号五分利公債も１９３３（昭和８）年６月には、時価１００・００円を上回り、１９３４（昭和９）年６月には１０６・１０円（利回り４・６２%）まで上昇したのである。この間１９３５（昭和10）年度には、政府債務の構成比率における内国債は80%を超えるなど、国債発行額は累増していくが、１９３５（昭和10）年６月に高橋蔵相は、景気回復と資金需要の高まりにより、さすがに１９３６（昭和11）年度以降の公債漸減の方針を打ちだした。経済政策のバランスを取ることに注力すべきと考えたからである。しかし、国債発行減による軍事費削減を避けたい軍部による抵抗が大きくなり、１９３６（昭和11）年２月26日には、高橋蔵相が殺害され、高橋財政は終焉を迎える（二・二六事件）。

二・二六事件で叛乱軍の指揮をした栗原安秀陸軍歩兵中尉（中央マント姿）

◆日中戦争後、強化される政府による金融統制

１９３２（昭和７）年以降の高橋財政では、政府と民間が協調しつつ金融市場を維持する中で景況感を改善させてきたものの、高橋蔵相の後を継いだ馬場鍈一蔵相による馬場財政期以降からは、市場と政府の関係に大きな変化がみられるようになる。馬場財政以降は、政府の主導権が強まり、１９３７（昭和12）年の日中戦争勃発による臨時資金調整法の制定が象徴するように、政府による金融統制が強化されていくのであった。

馬場蔵相は、公債漸減を放棄しつつも低金利政策を採用する新財政方針を強引に推進した。１９３６（昭和11）年5月には、既発五分利債（利率５％）を三分半利債（利率３・５％）に強制借換えすることで（いわゆる低利借換え）、金利低下観測を高めるとともに、国債投資に係る優遇措置と各種の資金統制を相次いで発表していく。新規で発行される三分半利債は、その大部分が98円50銭で発行され、国債の価額計算に関する法律により、98円50銭未満で時価評価する必要がなかったことも手伝い、取引所価格は98円50銭に収斂していった。大量に発行されることになる三分半利債の利回りは、３・７％弱で安定し、ほとんど変動しなくなるのであった。

優遇措置として、昭和12（１９３７）年7月には、国債担保貸付利子歩合が1銭から9厘に引き下げられた。これは、金融機関等が３・７％弱の利回りで三分半利国債を購入した場合に、資金不足から国債売却により資金調達を余儀なくされる必要がなくなったことを意味する。こ

の国債を担保にして日本銀行からの貸出を受ければ、資金調達することが可能だからである。その際の貸付利子歩合が3・3％弱（日歩9厘×365＝3・285％）であるため、金融機関等にしてみれば国債利回りとの差（利鞘）が利益となったのである。国債を担保に資金を日銀から調達すれば利鞘を稼げるという優遇策は、各金融機関の国債保有動機を高め、政府の資金調達に貢献した。

◆国内外で大きく開いた国債市場の金利差

戦前の金融市場は、1932（昭和7）年にかけての恐慌から金解禁・金輸出再禁止という大変動を経て、高橋財政期の比較的良好な期間を挟み、1936（昭和11）年からは変動する政治環境が金融市場に影響しないように、統制・介入が強化される時代に至った。政府・日本銀行は、1931（昭和6）年の国債暴落の教訓を生かし、金融機関等の国債保有動機を高める政策を積極的に実施することで、国内の国債利回りの安定を優先させたのである。この強力な政策も、海外の投資家に及ぶことはなかったため、内外の国債市場の金利差は大きく開き、市場が分断された背景になった。

26 政府は国債利回りを操作する？ 1940年代に実施された国債市場の安定策[*14]

＊14　詳しくは、平山（２０２１）参照。

◆国債価格支持政策の経緯

　戦時統制期に至るわが国の国債市場はどのような推移を辿ったのか。国債利回りは、政府の資金調達コストでもあるため、戦時の上昇は特に戦況に影響を与える。そこで、政府は、当然ながら国債利回りの低位安定を求めた。このニーズに応じて、日本銀行は、１９３７年以降、無条件国債買い入れにより、国債価格の下落を回避し、国債利回りの上昇を防ぐことに注力した。この国債価格支持政策は米国でも実施されたが、以下では、わが国での経緯を確認する。この国債市場への介入は、後述する現代の金融政策におけるイールドカーブ・コントロール（YCC）との類似点も多いため、過去の事例というよりも現代的なテーマの１つでもある。日中戦争勃発以降の時期については、第２次世界大戦開始（１９３９年９月）、対日資産凍結（１９４１年７月）、ガダルカナル島撤退（１９４３年２月）、サイパン島陥落・東条内閣総辞職（1944年7月）を節目として5期に分けた上で、国債市場動向について詳述したい。

戦時統制開始期

日中戦争開始から第2次世界大戦勃発に至る戦時統制開始期の国債市場動向は、1937年9月まで国債利回りは上昇したものの、1939年にかけて低金利の継続を見越して、相対的に利回りの高い高利率債（五分利債、四分半利債）の利回り低下が顕著になった。1937年以降の国債発行額が累増する過程で、金融市場は、消費節約・貯蓄奨励の効果による預金増加を背景に潤沢なる資金を国債消化に回すことが可能であった。特に、主に戦費用途で発行された三分半利債は、国債価格支持政策により、利回り変動が小さく、限られた利回りレンジ内での推移に終始したのである。

図表5-4の三分半利国庫債券い号（昭和23年6月償還）の価格推移で確認すると、日本銀行による無条件国債買入れにより落ち着きを取り戻し1938年の価格は堅調に推移した（利回りは低下した）ことが確認できる。この低利率債は、1938年の甲号五分利公債や第1回四分利公債よりも価格上昇率は小さく、1939年以降は、月中価格

図表5-4　三分半利国庫債券い号（昭和23年6月償還）月中価格値幅

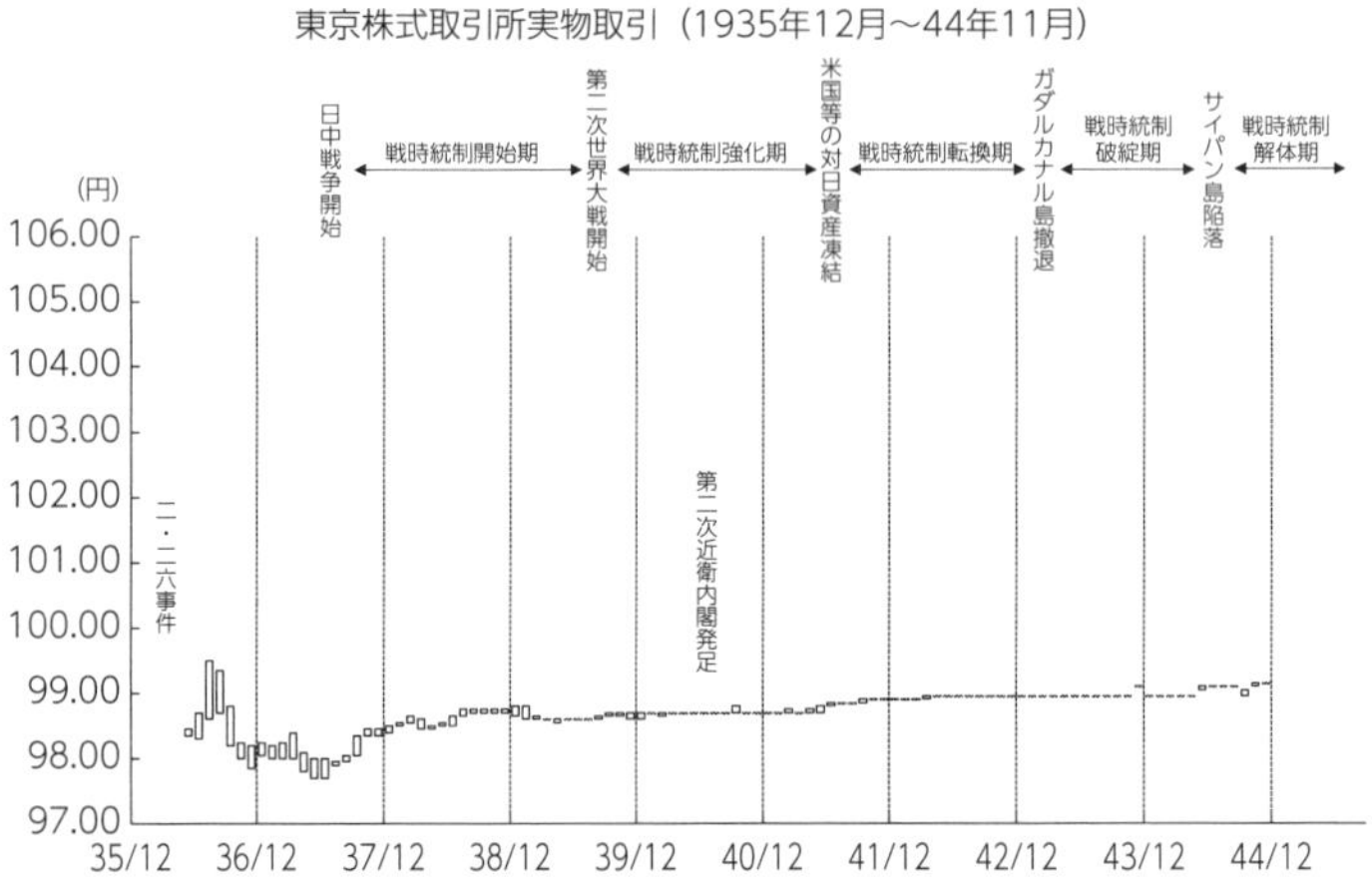

（出所）東京株式取引所・日本証券取引所『統計月報』のデータを基に作成。

幅も縮小している。甲号五分利公債等における価格変動幅の狭小化は、1942年末以降になってからであったが、三分半利国庫債券の場合には、戦費調達の円滑化のために、1939年にいち早く利回りおよび価格の安定が意図されたのである。

戦時統制強化期

1939年9月には、欧州で第2次世界大戦が始まった。わが国でも戦時統制が強化されると、円滑に機能していた国内経済動向には、変化がみられるようになる。物資需給の不均衡が漸次露呈する中で、銀行券の増発、日本銀行貸出の増加が目立つようになり、1940年の国債発行額も、さらに巨額化（67・5億円）したのである。民間企業への貸出が急増したことから、東京小売物価指数も1940年7月には前年同月比での上昇率が20%を上回るまで上昇したため、1939年半ばに2・5%程度であったコール・レート（東京コール）も、40年を通して上昇基調で推移し12月には3・2%を上回るまで上昇した。*15

これに対して、1940年4月には、日本銀行の無条件国債買入が強化され、1940年6月には、売買高の多い甲号五分利公債が

図表5-5　甲号五分利公債　月中価格値幅

東京株式取引所実物取引（1935年12月～44年11月）

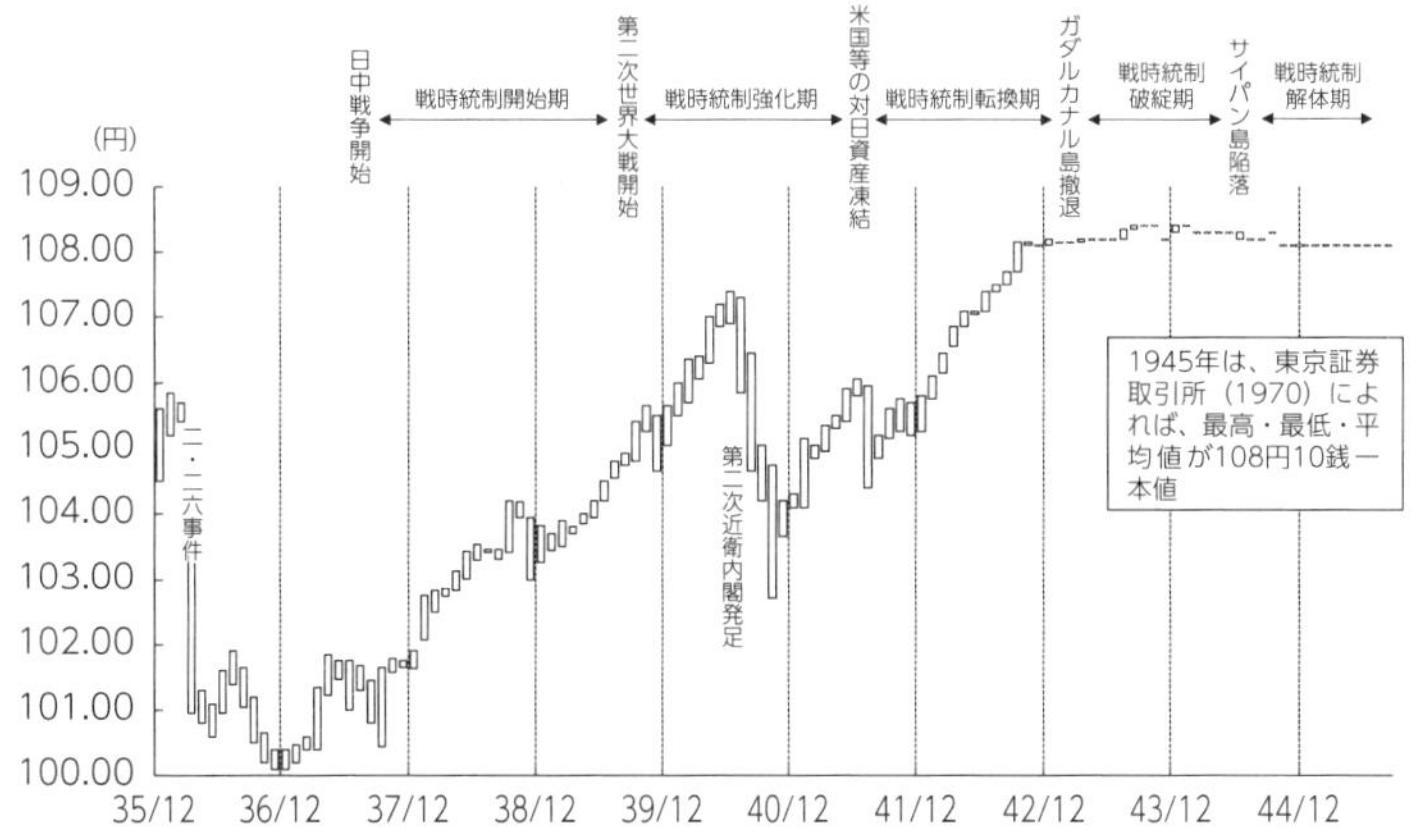

（出所）東京株式取引所・日本証券取引所『統計月報』、東京証券取引所（1970）のデータを基に作成。

1934年7月以来の高値107円40銭を記録した（**図表5-5**）。しかし、新体制運動を進める第2次近衛内閣が発足すると、低利率債への強制借り換えの懸念が台頭し、**図表5-6**に示す第1回四分利公債と同様に大暴落した（時価が高い高利率債が、時価の低い低利率債に強制借り換えされる際には、大幅な損失を被るため）。この混乱を収束するために、政府は、強権的な手法での低利借り換えを否定するとともに、一層、市場の安定に注力するようになったのである。

戦時統制転換期

1941年7月には、米国をはじめとした4か国による対日資産凍結が発動され、国際情勢の緊張が一層高まった。1941年12月には太平洋戦争が勃発し、翌月には大東亜戦争国庫債券が発行され、国債発行額も、1941年90・9億円、1942年141・6億円という具合に急増した。金融機関ごとに割当による国債消化が課され、国債をめぐる統制は対米開戦とともに顕著になったのである。国債消化策により、三分半利債の需給が安定したため、1942年末には、政府系機関や金融機関により保有され、大量に売却される可能性が低い甲号五分利公債は、108円20銭まで価格が上昇した。

図表5-6 第1回四分利公債　月中価格値幅

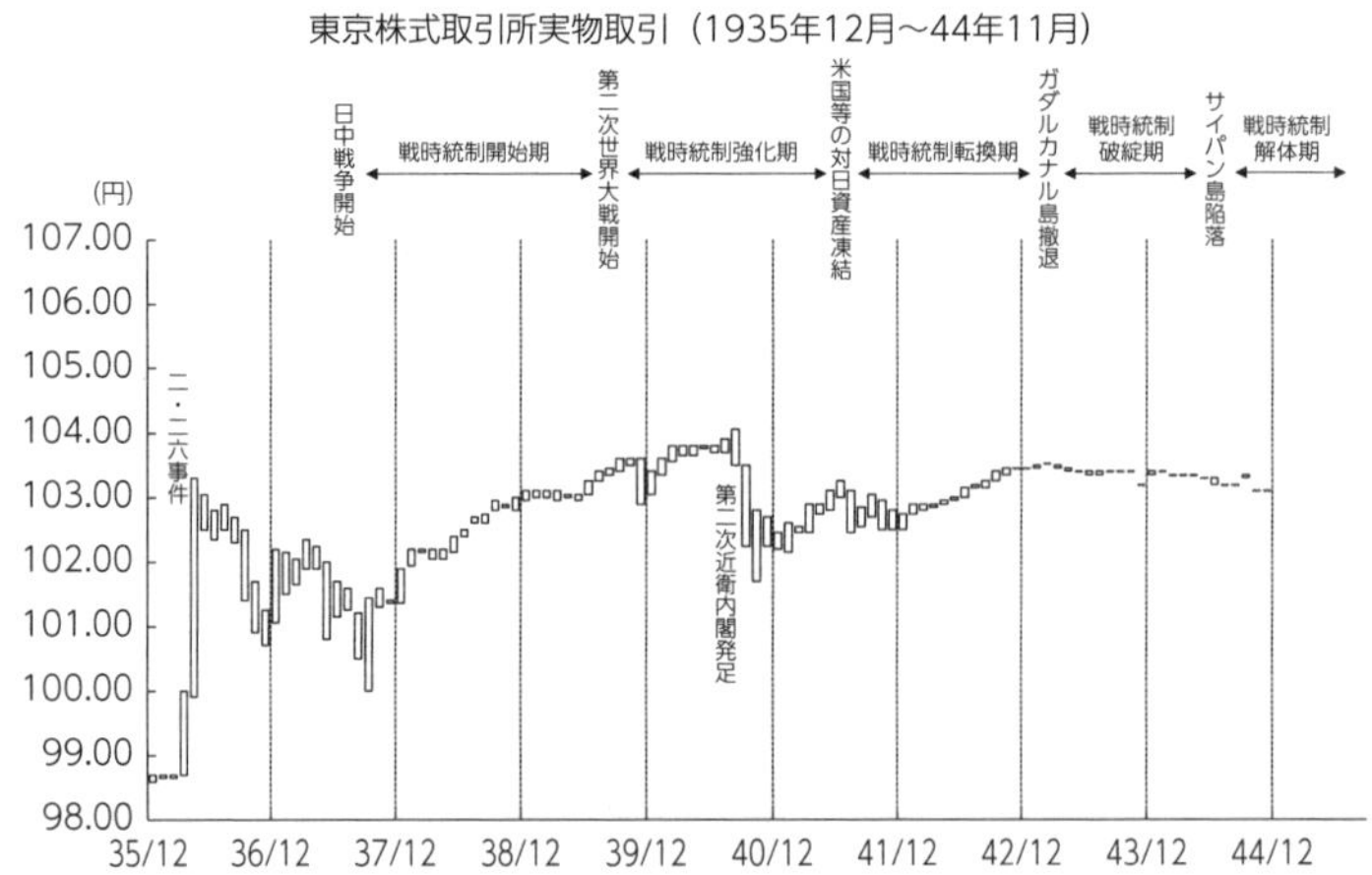

（出所）東京株式取引所・日本証券取引所『統計月報』のデータを基に作成。

戦時統制破綻期

１９４２年末から１９４４年７月のサイパン島陥落・東条内閣総辞職に至る戦時統制の破綻期においては、取引所価格の月中価格値幅が極端に小さくなり、経済環境に応じた価格の変動が機能しにくくなった。国債発行額は、１９４３年１９５・９億円、１９４４年２７５・５億円まで拡大する中で、１９４４年度には、日本銀行による民間金融機関への貸出金が急増したため、需給悪化懸念を払拭して、国債価格が大幅に下落する（利回りが急上昇する）ことは回避されたのである。日本銀行は、１９３２年以降、一旦引き受けた国債の大部分を民間金融機関に売却してきたが、この資金循環が円滑に機能しなくなり、民間金融機関への貸出金を急増させて、その資金で国債消化を維持させざるを得なくなったのである。

何とか安定が保たれた国債市場だったが、１９３９年10月に公布施行された価格等統制令に基づきコントロールされてきた物価水準での歪みが表面化してしまう。太平洋戦争開始以降抑制されていた東京小売物価指数（公定価格ベース）の対前年上昇率は、１９４４年に再上昇し始めたのに加え、実勢価格ベースでは歯止めのかからぬインフレが進行した。闇物価を用いて実勢価格を推計すると、公定価格を大幅に上回っている。[*16] 国債市場での価格決定機能不全や国債引受の機能不全は、物価急上昇の背景の１つになったと考えられる。

戦時統制解体期

１９４４年後半以降、１９４５年８月のポツダム宣言受諾までの戦時統制解体期の国債市場

＊15　コール・レートとは、金融機関どうしで、短期資金の貸借をするコール市場で決定する貸借金利のことである。

＊16　詳しくは、鎮目（２０１８）、小池（２０１９）、The U.S. Strategic Bombing Survey（1946）および平山（２０２４）を参照。

は、**図表5-5**に記されるように価格変動は極小化し、相対的に価格変動が大きかった五分利債でさえ、国債価格が半固定化されているのが明らかである。政府は、証券業者等が安価で国債を買い取ることを禁止し、各種国債の取引価格を、発行価格から一定の手数料相当額を控除した価格に定めたからである。

大東亜戦争国庫債券の発行は、1944年9月から月1回に集約されるようになったため、1回あたりの発行額も軍事費の膨張に応じて増大した。大東亜戦争国庫債券の発行額（額面）は、30億円（1944年9月）、16億円（同10月）、22億円（同11月）、38億円（同12月）、20億円（1945年1月）、10億円（同2月）という具合に巨額になっている。それに加え、東京大空襲後の3月には、三分半利国庫債券が44・92億円発行されたため、政府の公債発行額は大幅に拡大した。さらに、日本銀行は、戦時の国庫資金繰りが逼迫したため、機動的に資金を提供するために、前記した政府一時貸上金を計上するようになる。これは、政府が必要とする資金を適宜、日本銀行が短期融資するものであり、無制限に資金を貸し出すATM（現金自動預け払い機）の役割を担ったと見なせよう。

1945年の国債発行額は、333・1億円（1945年1月〜8月は212・4億円）と巨額であったが、日本銀行の貸出に支えられた金融機関への国債市中売却と、預金部の積極的な国債投資による資金統制強化、さらには国債価格の変動回避を意図した価格統制強化により、国債市場はかりそめの安定が保たれたものの、インフレーションの犠牲を伴っていたのである。逆を言えば、戦時の混乱期にあっても、政府・日本銀行は強烈に国債価格の維持を図り、市場の安定を維持したと言ってもよい。それだけ、国債市場の安定は重要であると見なされたのである。

27 占領地での借入金は国債の5倍まで膨らんでいた？ 金地金売却による返済

◆戦地で急激に膨らんだ政府借入金

戦時期の国債発行額は、膨らむ軍事費を捻出するために巨額化したが、戦況の悪化に伴う国庫収支の混乱は、計画性よりも機動的な資金調達が必要とされるようになった。そこで、定期的な国債発行計画では対応が難しくなり、柔軟に対応できる借入金に依存するようになるのであった。この借入金シフトは、国内よりも現地（占領地）において顕著であり、現代を生きるわれわれが想定する以上に多額の資金が、借入金として調達されていたのである。現地での政府借入金は、最終的には、国内の国債発行残高の5倍にまで膨らんだのである。この驚きの事実について、現代を生きるわれわれも知っておくべきであろう。政府・日本銀行が、国債利回りの低位安定を演出しても、戦時末期の経済的混乱は、各所で歪みとなって噴出せざるを得ないという教訓でもある。そこで、以下では、この政府債務の簿外化の経過について詳しく見て

＊17 宇佐美（１９５１）、35頁。この目的は、「占領地における軍事費支払の増大が内地金融に影響を及ぼし国内のインフレを激成するおそれが強まったので、その影響を緩和するため」であったとされている（同30頁）。

おきたい。

　国内予算で計上されてきた直接軍事費の拡大は、１９４１年度以降、大東亜戦争国庫債券の巨額発行で賄われてきたが、それに加えて１９４４年度には政府借入金も急増している。**図表5-7**に示すように１９４４年度の単年度の政府債務は、国債を上回る借入金で調達されるようになったのである。１９４２年度までは、日本銀行、大蔵省預金部、台湾銀行が、軍事費以外の使途として政府への貸上を実施していたが、１９４３年度から政府は軍事費としての借入れを始めたため、政府借入金が急激に増加したのであった。その主たるものは、特殊金融機関である朝鮮銀行・横浜正金銀行・南方開発金庫・日本銀行による占領地での現地通貨借入金（政府貸上金として日本政府が資金調達した借入金）であり、１９４３年度末には約55億円に達した。従来、軍事物資は、日本内地で購入の上、現地に送られていたが、１９４３年度からは占領地において、直接、現地通貨で購入されるようになったのである。日本政府は、「国債の新規発行額を抑制する必要から、国債発行に代わって占領地における金融機関からの借上金制度」*17を活用するようになった。これを、戦費の現地調弁と呼ぶ。「国内においては、

図表5-7　政府債務残高（億円）

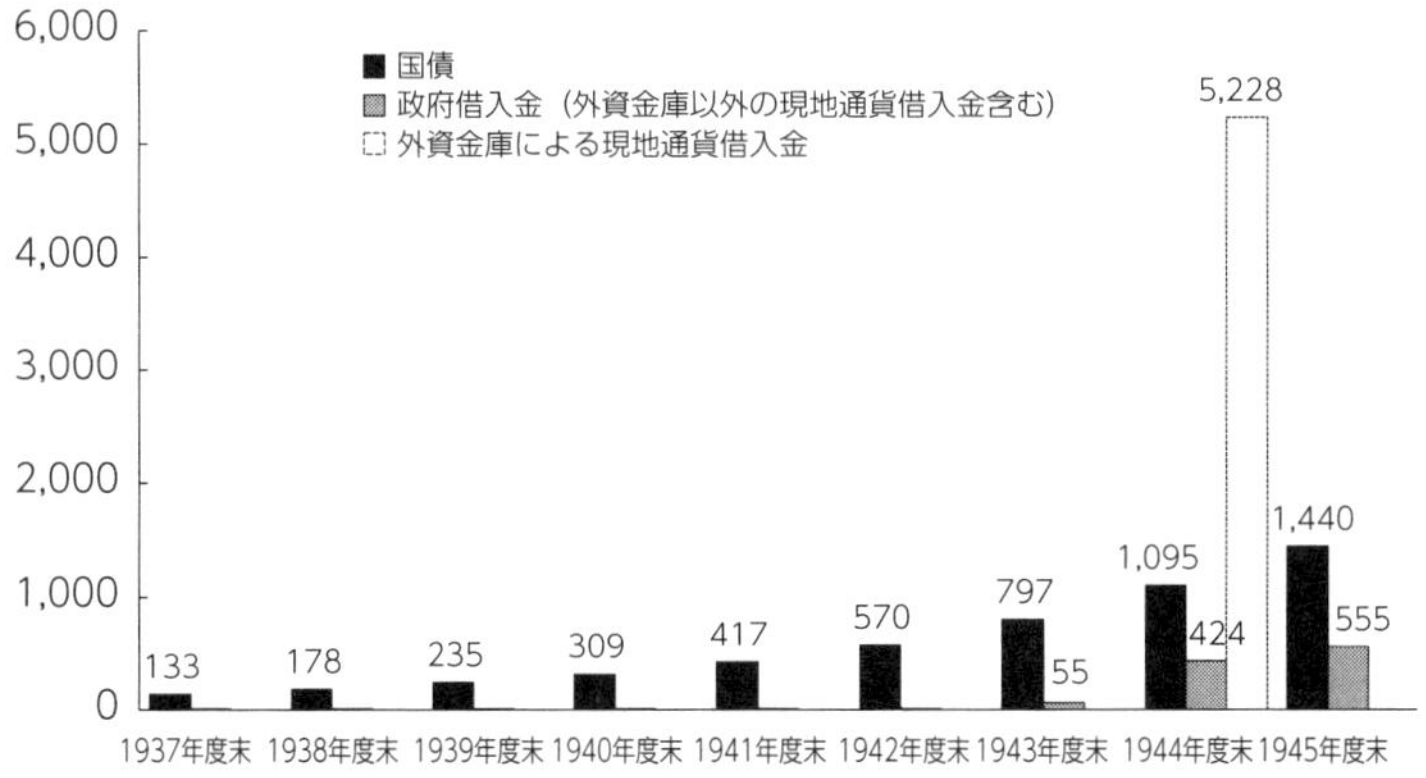

（出所）大蔵省百年史編集室（1969）『大蔵省百年史』別巻、高石末吉編（1970）『覚書終戦財政始末』第５巻を基に著者作成。

（注）国債は内国債・外国債・短期債を含む。借入金は一時借入金含む。現地政府借入金は1945年８月現在。

国債の消化はしだいに困難になっていた。そこで国債の新規発行を抑制する必要から、国債の発行に代わって現地借入金の制度がとられるにいたった」[18]とみなしてよいだろう。

　１９４４年度下半期以降は、戦時物資が枯渇し、現地物価が急騰したため、「単に公債を借入金に乗りかえるというような手段では事たりず、臨時軍事費予算そのものの計数を圧縮し、あるいはその膨張を直接的に抑止する」[19]必要が生じた。そこで、朝鮮銀行・南方開発金庫・横浜正金銀行が１９４３年度以降に行ってきた政府貸上金３８０億円を肩代わりして、１９４５年３月に外資金庫が設立されたのである。[20]この外資金庫による肩代わり資金は、臨時軍事費特別会計に計上されているが、外資金庫が設立されて以降の政府に対する現地通貨借入金は予算の枠外で運用されたため、政府債務としてカウントされていなかった。その現地調弁額は、耳を疑うばかりの5、２２８億円であった。[21]実に１９４４年度末の国債残高の約5倍であり、ＧＮＰを９６０億円[22]とすると5倍強の巨額な債務が隠されていたことになる。このように債務が巨額になった理由は、大量発行による現地通貨の価値（軍票や現地銀行の銀行券）の減価がみられたものの、軍票を過大に評価し、現地の債務が膨張したからだと考えられる。この占領地の物価高騰による戦費を圧縮するために、現地通貨の公定為替レート（対日本円）を切り下げる方法もあったが、「同甘共苦」を建前とする「八紘一宇」の精神から相応しくないとの政治的配慮がはたらき固守された。[23]実質的な判断を曇らせ、建前を頑なに通した迷妄は、計り知れない禍根を残したと言ってよいだろう。

　外資金庫の資金は、必要の都度、現地の特殊金融機関との間の「預け合い契約」で調達され

＊18　大蔵省財政金融研究所財政史室編（１９９８）、２５３頁参照。

＊19　大蔵省昭和財政史編集室編（１９５５）、３６９頁。

＊20　１９４４年12月29日の閣議にて設立決定、外資金庫法（法律第2号）は１９４５年2月9日公布、同年2月11日施行。

＊21　宇佐美（１９５１）、40頁には、「調整に使われた資金は臨時軍事費会計のワク外において運用され、したがってこの会計は全く計上されていない」と記されている。また高石（１９７０）、２５２頁は、外資金庫の政府貸上金総額は5、５５５億9、３９６万1、５７５円18銭としている。

てきたが、さらに注目すべきは、GNPの5倍強の水準にまで膨らんだ債務の行方である。この債務は、実に1943年12月から1945年3月までの期間に、日本政府が横浜正金銀行に払い下げた純金を中国に現送していたが、終戦時に売却して得た金売却差損益により埋め合わされたのである。[*24] この売却益は、現地インフレーションの影響を受け4,977.5億円にも上り、簿外の政府債務5,228億円の大部分を賄うことが可能であった。現地通貨でのインフレーションを発生させた失態に対して、終戦時の混乱に乗じて、占領地での債務を弁済した日本政府の姿勢に驚かざるを得ない。ポツダム宣言発表4日後の1945年7月30日に大東亜省から金の時価売却により預け合い勘定を清算する考えが示され、同年8月10日に閣議決定を得ていたという[*25]。対応の是非に対しては、様々な議論があるだろう。実際の売却は、ポツダム宣言受諾前後の8月18日（対中国聯合準備銀行）、8月14日から9月3日まで（対中央儲備銀行）に実施しており、清算を急いだのは、各銀行が連合軍側に接収されると金銀の売却が自由にできなくなるためであったとの見解もある。[*26]

◆変質していた日本銀行による国債の引受体制

以上のように、拡大する軍事費を賄うために国債が大量に発行され、政府債務が累増したと一般には考えられてきたが、戦時末期の実態は国債ではなく、表に浮かび上がることのなかった現地通貨借入金の急膨張により、軍事費が賄われたのであった。つまり、占領地での現地通

＊22　小池（2023）、30頁の補論表：四半期補完値を参照。

＊23　大蔵省昭和財政史編集室編（1955）、367～372頁参照。

＊24　宇佐美（1951）、49～51頁参照。

＊25　小野（2021）、236頁は、多田井編（1983）、「支那通貨対策ニ関スル件」『公文類聚』第69編第51巻財政11（1945年8月10日）を用いて、時系列での決定に至る過程を整理している。

＊26　小野（2021）、237頁参照。

貸借入金による現地調弁が始まった１９４３年度以降、日本銀行の国債引受・市中売却を主軸とした戦時の経済政策は転機を迎え、１９３２年以降続いた日本銀行による国債の引受体制が終戦を迎える前に変質していたのである。国債利回りの上昇は、政府の財政状態の悪化を伝えるシグナルとされているが、国債利回りが低位で安定していたとしても、財政破綻が間近に迫っている可能性がある点は、現代を生きるわれわれにも教訓を投げかけていると言えよう。危機に際しては、政府債務データも信頼に足るものではなくなり、表面上の国債利回りも、経済実態を反映しなくなるからである。

28 日本銀行はどのように金融政策を実施してきたのか？

◆短期金利の推移

わが国の金利の歴史について、明治維新以降戦時期までの国債の利回り（長期金利）を中心に見てきたが、金融機関や家計にとっては、短期間の資金融通の際に課される金利についての関心がより高いはず。おおむね1年未満を対象にした資金融通の際に課される金利を、一般には短期金利と呼んでいるが、この短期金利について確認してみたい。短期金利の代表は、金融機関が日々の短期的な資金の過不足を調整するための取引を行う際に決定されるコール・レートである。名前の由来は、「呼べば直ちに戻ってくる資金」とされ、現在は、無担保で即日資金融通を受けて翌日返済する無担保コール翌日物（オーバーナイト物）が取引の中心となっている。このコール・レートは、金融機関の資金需給によりコール市場で決定されるが、この変動に最も大きな影響を与えるのが、日本銀行の金融市場調節方針である。金融市場調節は、資金供給オペレーションや、資金吸収オペレーションといった公開市場操作を通して実施される。

従来の日本銀行の金融調節手段は、主なものは金融機関への貸出の際に用いられる公定歩合[*27]の水準決定であった。明治期から１９９４年の金利自由化が完了するまでは、各種預金金利等は公定歩合に連動して決定されていたため、その影響度は絶大であった。**図表5-8**は、この公定歩合と定期預金金利の推移を示したものであり、両者の関係に注目してみよう。

日本銀行は、１８８２（明治15）年10月10日に設立されたが、本店における主たる公定歩合の１つである商業手形の割引歩合は、日歩２分８厘（年率１０・２２％）に定められた。日本銀行は、民間銀行などが所有する手形（企業により売上代金の決済として振り出された手形など）を期限前に買いとるが、その際に適用される割引金利のことである。手形の期日より前に現金化するため、その期日までの金利分を民間銀行は日本銀行に支払うことになるわけである。この割引歩合は、２００１年以降の基準割引率および基準貸付利率も含めると、１９２回ほど変更されている（２０２３年6月末現在）。この間、頻繁に変

図表5-8　公定歩合（商業手形割引歩合）および定期預金金利

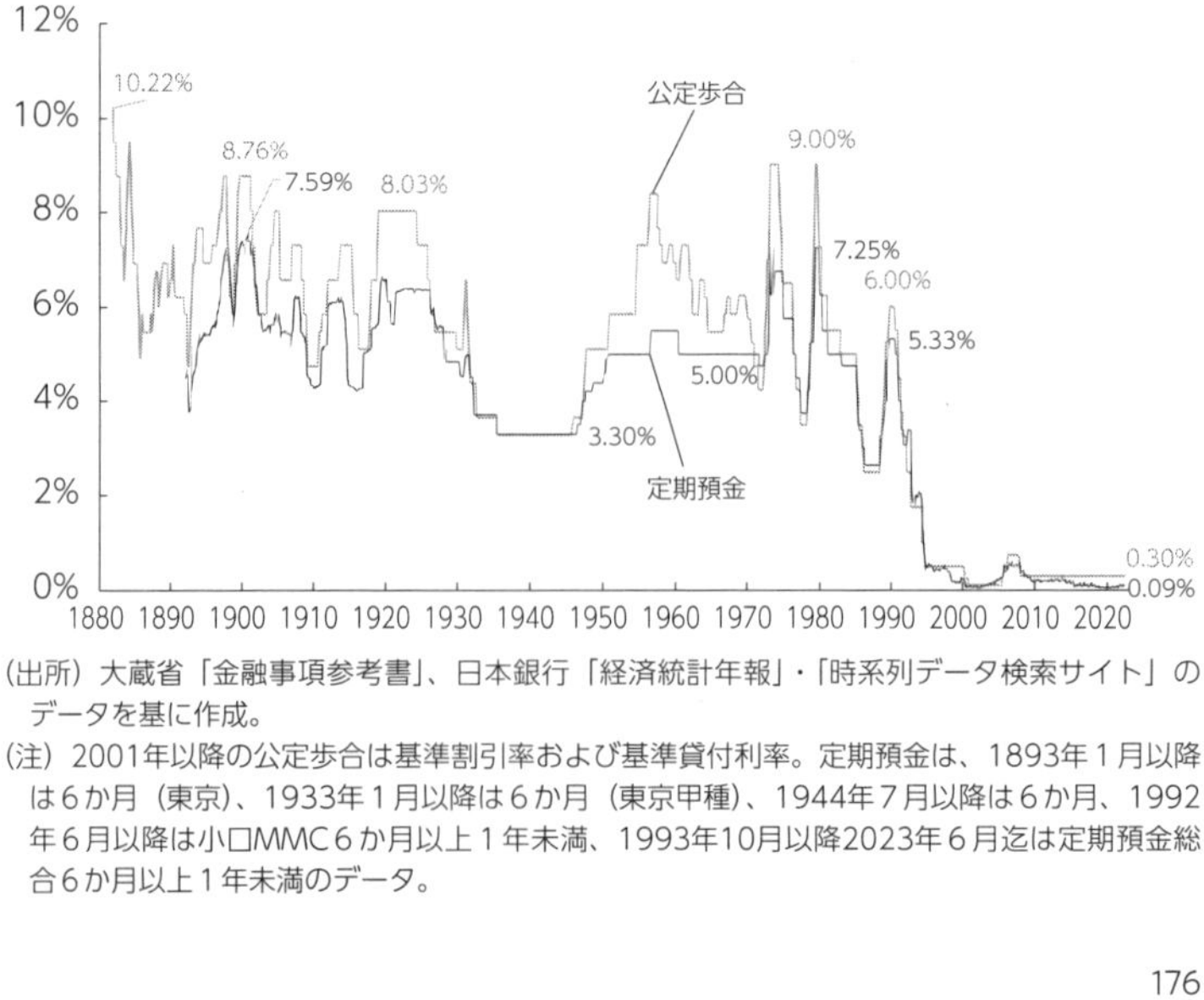

（出所）大蔵省「金融事項参考書」、日本銀行「経済統計年報」・「時系列データ検索サイト」のデータを基に作成。

（注）2001年以降の公定歩合は基準割引率および基準貸付利率。定期預金は、1893年１月以降は６か月（東京）、1933年１月以降は６か月（東京甲種）、1944年７月以降は６か月、1992年６月以降は小口MMC６か月以上１年未満、1993年10月以降2023年６月迄は定期預金総合６か月以上１年未満のデータ。

更される時期もあれば、ほとんど変更されずに横這う時期がある。特に後者は、太平洋戦争の戦時統制から終戦後にかけて、戦後復興から高度経済成長期にかけて、金融機関の不良債権問題が注目されるようになった1990年代末以降が相当している。

次に時系列で短期金利動向を、東洋経済新報社編『金融六十年史』を基に確認したい。[*28] まず1871（明治4）年の廃藩置県から1873（明治6）年までは、好景気により金利が上昇し、東京市中金利は14％程度であったものの、その後の景気後退により同水準は12～13％程度まで低下した。1876（明治9）年には、国立銀行条例改正により、新金融制度の効果が期待されて、1877（明治10）年の東京市中金利も10％程度まで低下したが、西南戦争以降の物価上昇や、金禄公債の大量発行により1881（明治14）年には東京市中金利は14％まで再度上昇に転じたのであった（最高18％）。

◆公定歩合および定期預金金利の推移

次に、日本銀行が設立して以降の公定歩合および定期預金金利（6か月もしくは6か月超1年未満）の推移について、明治・大正期、昭和初期（戦前・戦時期）、戦後から金利自由化後1990年代半ばまでの3期に区分して確認してみたい（1990年代後半以降は、第30節で整理する）。

＊27　従来の公定歩合は、2001年以降は、補完貸付制度における基準割引率および基準貸付利率となり、何らかの理由により、短期市場金利が基準貸付利率を超えて上昇した場合に、いつでもこの利率で借り入れることができる。そのため、無担保コールレート（オーバーナイト物）の上限を画する役割を担っている。

＊28　東洋経済新報社編（1924）、587～618頁参照。

明治・大正期

第1に、1882（明治15）年に日本銀行が設立されて以降の明治・大正期であるが、財政緊縮・紙幣整理の方向性が提示されたため、物価および金利が大幅に低下するようになる。前に記したように、日本銀行設立時の公定歩合（商業手形割引歩合）は10%を上回っていたが（年率換算10・22%・日歩2銭8厘）、1886（明治19）年に兌換制度が開始されると通貨価値に対する信認が高まり、1893（明治26）年には、4・745%（日歩1銭3厘）まで低下傾向で推移した。しかし、日清戦争後には、賠償金を基にして金本位制を導入したにもかかわらず、財政の膨張、物価の騰貴、貿易赤字の拡大を背景に金利上昇基調に転じ、1900（明治33）年には8・76%（日歩2銭4厘）まで上昇した。

その後日露戦争を挟んで、1908（明治41）年7月に発足した第2次桂内閣は、公債の非募債主義、公債償還増加を推進し、さらに日本銀行も1910（明治43）年3月には公定歩合を4・545%（日歩1銭3厘）まで再び引き下げたが、この動きは、戦時の物価上昇により再び遮られた。第1次世界大戦に際して、1917（大正6）年12月には金輸出を禁止（金本位制停止）したことや物価が大幅に上昇したことから、金利は大幅に上昇し、公定歩合は1919（大正8）年11月に8・03%（日歩2銭2厘）まで引き上げられたまま1925（大正14）年4月まで5年超にわたり固定化されたのである。「中央銀行が金利を猫の目のごとく動かすのは、勿論宜しくない。しかしながら、大正8年11月以来、2銭2厘の高率を以て5年も継続する如きは、「動かさぬ」という範囲を通り越して、寧ろ「死化」と言う」[*29]と批判さ

*29　東洋経済新報社編（1924）、616～617頁参照。

れている。通貨の膨張と物価の上昇は、公定歩合の引き下げを許さぬ水準にまで至っていた証左であるが、その過程で発生したのが1923（大正12）年の関東大震災であった。なお、大正期に至る公定歩合は、おおむね5から8％までのレンジ幅を中心に、上下動を繰り返したが、定期預金金利は公定歩合に連動しつつ、それを下回る水準で推移した。

戦前・戦時期（昭和初期）

第2に、戦前・戦時期（昭和初期）の公定歩合は、金解禁時の引き上げを除くと、低下基調で推移した。関東大震災後の復興の手詰まり、1927年の昭和金融恐慌、1929年のニューヨーク株式市場の大暴落など、相次ぐ混乱の最中、金融のひっ迫を回避するため、1925年4月以降、1930年10月にかけて5回にわたり公定歩合は引き下げられ、それに応じて緩慢ながらも定期預金金利も引き下げられた。しかし1931年9月には、英国が金本位制の停止を発表し、わが国でも金輸出の再禁止観測が高まり、円売り米ドル買いが活発化したため、公定歩合を2回にわたって引き上げざるを得なくなった（10月および11月）。しかし、高橋是清大蔵大臣就任に伴い、金輸出再禁止が発表されたため、1932年3月には公定歩合が引き下げられたのである。その後は、さらに引き下げが実施され、5回目の利下げが1936年4月に実施された。この利下げにより、終戦後の1946年10月の利上げまで実に10年超にわたり、公定歩合は3・285％（日歩9厘）に釘付けられ、日本銀行創設以来の最低水準が維持されたのである。定期預金金利（甲種・6か月）が3・30％であったため、従

関東大震災時における日本橋方面の惨状

来、一時的な逆転はあった両者の関係が逆転して、長期にわたり公定歩合∧定期預金金利という関係が続くことになったのである。戦時期に至る過程で、インフレを発生させないためにも、円滑に家計の資金を貯蓄に誘導して吸収する必要があったためか、この逆転現象は終戦まで長期にわたり継続したのであった。国債市場での統制が強化される中で、よりコントロールが効く短期金融市場では、日本銀行による金利固定化が続いたのであった。

戦後から金利自由化後1990年代半ばまで

第3に、戦後10年間にわたりインフレ率は大幅に上昇する局面があったものの、公定歩合は、産業復興のために人為的な低金利政策が推進され、低位で抑え込まれた。インフレ率の上昇にもかかわらず、1955年8月初めまでは6%を上回ることがなかったのである。また、金融情勢は、復興にとって要となる重要産業への重点的資金配分をするために、日本銀行の信用割当政策に基づき、民間銀行の協調融資が実施されるという統制色の強いものであった。目的が戦争遂行から復興に180度転換しているとはいえ、1930年代以降の特徴を一定程度引きずった政策が実施されたと言ってよいだろう。

その後、1950年代後半から1980年代末までは、「日銀は公定歩合引き上げの必要性を判断するにあたって、ほぼ一貫して卸売物価を最優先の判断基準として」[*30]おり、物価の変動を緩和するための政策を実施したと言ってよいだろう。1957年5月、1973年12月、1980年3月、そして1990年8月に至る大幅な公定歩合の引き上げ局面では、若干のラ

＊30　岡崎哲二（1999）、125頁参照。

グ（時間差）はあるがおおむね卸売物価指数の上昇率と連動している。金融政策の決定が、物価動向を意識して実施されたものと言えるが、「日銀の認知プロセスに政治経済学的事情が加わって公定歩合引き上げのタイミングが決定」[*31]されている点には注意が必要だろう。必ずしも純粋に経済実態を反映して、合理的な判断が下されたわけではなく、様々な利害関係者の声が反映されつつ、公定歩合の決定に至るのであった。１９７４年に至る金融引き締めの場合には、政府が拡大財政政策を実施していたこともあり、日本銀行が金融引き締めへと転じるタイミングが先延ばしされたため、インフレ率の上昇に遅れをとってしまったことが批判されている。さらに、１９９０年に至る金融引き締めの際には、落ち着いていた卸売物価などの指数を重視し過ぎたため、資産価格の急上昇（バブル）への対応が遅れるなどの失敗を重ねることになったのである。

なお、定期預金金利に関しては、１９６０年代まで5･0%もしくは5･5%に半固定化されており、公定歩合との格差も大幅に広がる局面もあった。１９５７年にはこの乖離幅は実に3･4%まで広がっていたのである。定期預金金利が人為的に抑制されていたのが確認されよう。一方、１９７０年代以降、公定歩合との連動性が高まっているのが確認される。さらに金利の自由化が完了した１９９４年以降は、公定歩合の変化のタイミングに応じて定期預金金利が変動するのではなく、経済状況に応じて小刻みに変動するようになっているのが確認されよう。家計の金融資産増殖に貢献した定期預金も、１９９０年代後半以降は、低金利によりその役割が低下している。定期預金（6か月以上1年未満）の金利水準は、１９９５年7月に1%

＊31　岡崎哲二（１９９９）、１４３頁参照。

を下回り、その後1%を超えたことはない（2024年8月現在）。2000年代の平均が約0・25%、2010年代の平均が0・16%であることからも、歴史的には超低金利時代が長期にわたり続いたのである。

29 戦時期の国債利回り抑制はいつまで続いたのか？

◆1965年までの金利統制的局面

戦後の長期金利の推移について整理する際には、戦後復興期から証券不況の１９６５年までの金利統制的な局面と、長期国債が再発行された１９６６年以降とで区分して考える必要がある（後者の期間で、特に非伝統的金融政策が実施されて以降の期間について第30節で触れる）。

第１に、戦時復興期から１９６０年代半ばまでの長期金利を確認したい。**図表5-9**は、戦後の国債利回りの推移を示しているが、国債の流通市場での取引データは、１９６６年７月以降になってからしか得られないため、１９４５年９月から１９６５年12月までは、発

図表5-9　わが国の戦後主要長期国債利回り（%）

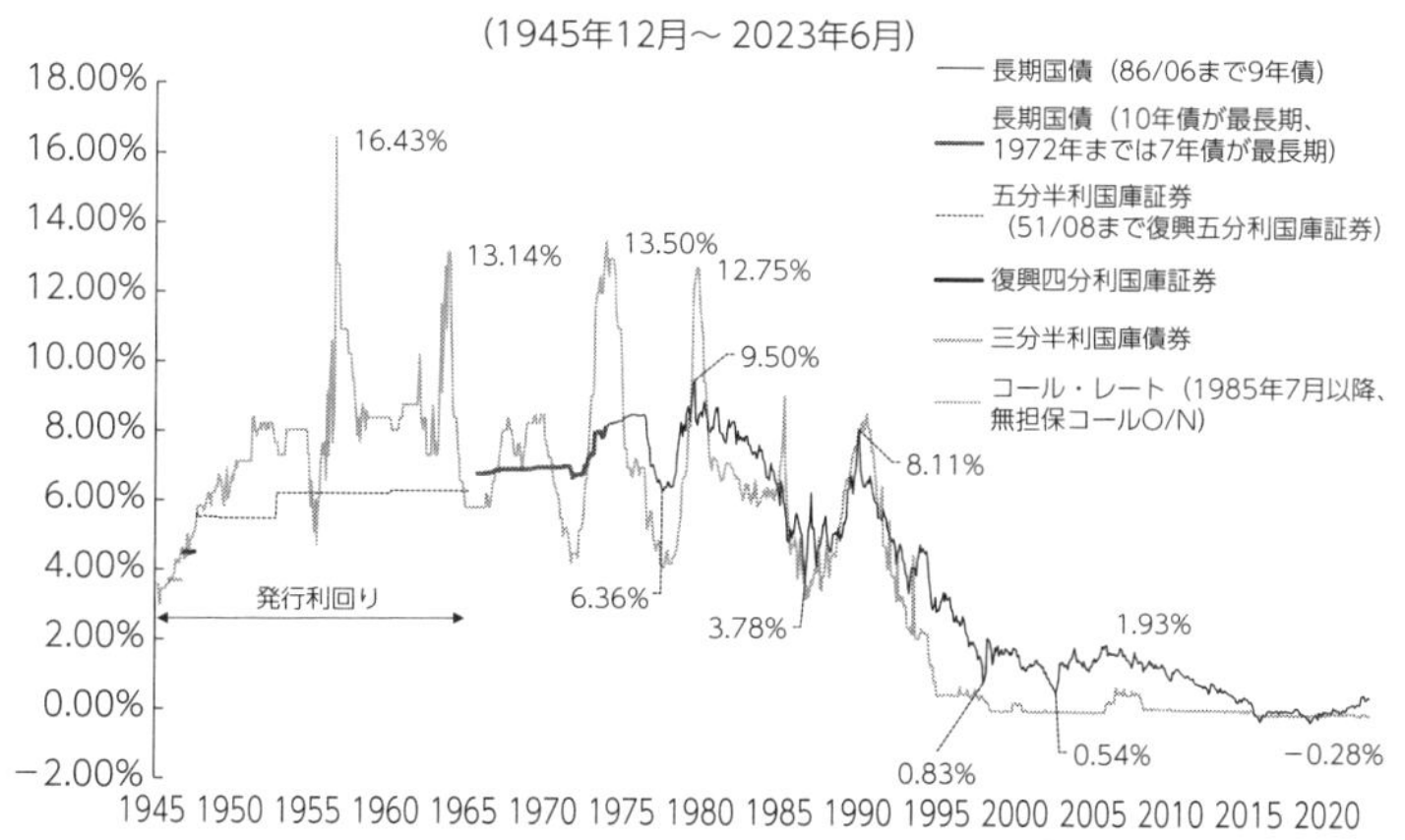

（出所）大蔵省『財政金融統計月報』『財政経済統計年報』『国債統計年報』『国債金利情報』、日本銀行等のデータを基に作成。

行平均利回りである。終戦から約20年間の国債利回りは、流通市場において決定されたものではなく、発行利回りで確認せざるを得ない。そのため、市場価格が上下に変動している形状を描いているわけでなく、階段状に上昇していくのが確認されよう。[*32] 戦後復興期の公社債市場は、「起債市場の硬直性、消化構造の片寄り、流通市場の欠如等」という特徴があり、市場原理に基づく自由な金利決定とは程遠かったのである。これは、人為的な低金利政策に基づくものであり、戦時期に半固定化された国債利回りの特性に近い。流通市場による価格決定（利回り決定）も、国債以外の利付電信電話債券などに限られたのである。[*33] そのため、この時期の国債は、流通市場の実勢に基づくものではなく、意図的に低位に抑制された発行利回りでしか、その推移をたどることができないという点には注意が必要である。

その国債の発行利回りを確認すると次のようになる。終戦直後に発行された三分半利国庫債券は、巨額の臨時軍事費の支払、終戦処理費、産業経済費を使途として、戦時期の国債発行利回り水準を引き継ぐ利回り水準3・6％台で、日本銀行や預金部による引受で発行された。しかし、１９４７年3月には財政法が公布され、赤字国債発行が禁止され（第4条）、原則として日本銀行による国債の引受発行が禁止されたため（第5条）、長期国債の発行が１９６５年度まで事実上停止されてしまう。そのため、その後の国債は、財政法で禁止されなかった借換債や交付公債、短期証券、そして実質的な国債である復興金融債[*34]（復金債）に限られた。この復興金融債は、経済の復興のための資金を供給するために設立された復興金融金庫が発行する債券であり、当時の市中貸出金利や割引興業債券よりも利回りが低かった。[*35] そのため、日銀引

*32 志村（１９８０）、１２９頁参照。

*33 志村（１９８０）、２５７頁参照。１９５０年代半ばから１９６０年代半ばにかけての債券利回りについて、「取引所相場はきわめて固定的で、実勢をまったく反映していないのみか、むしろ人為的に決定される新発債の発行条件を追認するという状態であった」、電話債券の市場利回りだけは「比較的実勢を反映し、公社債流通市場の真の姿に近いものを示していた」としている。

*34 制度的には国債ではなく金融債であるため、日本銀行引受による発行が、財政法制定後も認められた。

*35 復金債の発行条件は、大阪証券業協会（１９５１）、１３９頁参照。１９４７年１

受以外では、金融機関が購入したが、そのほとんどは日銀借入の担保として活用されるか、日銀に売却された。その規模は、1947年の発足から1948年度末に至るまで1、680億円（日銀引受1、156億円、シェア68・8％）という巨額資金であったため、インフレーションを加速させる主因の1つとなった（復金インフレ）。この急激な物価上昇に対する対策の一環として、ドッジ・ラインによる復金債発行停止と融資の全面停止に至ったのである。

この戦後インフレーションは、巨額化した既往政府債務の実質価値の減少に貢献したことは、間違いない。物価水準は1940年から1955年にかけて200倍以上、1936年から1950年の期間でも262・0倍になっており、戦時末期をピークとして財政収支と政府債務残高の対GDP比は減少に転じているからである。[*36] 政府にとっては、戦後のインフレーションが、名目額が変わらない既往債務の実質的な負担を減らす一方、税収はインフレーションに応じて増加するため、過去の遺産を帳消しするのには都合がよかったと言えよう。逆に、国債を保有する投資家にしてみれば、その元本や利払いが維持されたとしても、その実質的価値は大幅に減価する点は忘れてはいけない。

その後、1948年度にかけて復金債とは別に、鉄道事業費や通信事業費を使途とする復興四分利国庫証券が利回り4・5％前後、復興五分利国庫証券および五分半利国庫証券が1953年8月まで利回り5・5％前後で発行されている。さらに、五分半利国庫証券の発行利回りは、6・21％（1953年9月〜1960年12月）、6・30％（1961年1月〜1965年12月）まで階段状に上昇している。[*37] これらの債券は国債ではあったが、赤字国債で

月の復金債発行利回り4・548％（市中貸出金利6・205％）が、1947年12月には同発行利回り6・088％（市中貸出金利9・125％）となっており、民間銀行にとっては国債の発行利回りよりも復金債を購入することは理にかなっていたが、貸出金利よりは低かったのである。

ジョゼフ・ドッジ（1890〜1964）（右）と池田勇人（1899〜1964）（左）

はないため、財政法でも認められた国債であった。**図表5-9**を見ると、1951年以降1965年までは、1961年（6・21％から6・30％にわずかに改訂）を除くと発行利回りの改訂が行われなくなり、その大部分の期間でコール・レートよりも国債の発行利回りが低くなっており、金融機関にとっては採算の合う投資対象ではなかった。そのため、1960年代半ばまで、借換国債と交付国債に限られた五分半利債の保有は、政府・日本銀行に集中し、金融機関の保有は国債未償還残高の1割程度にすぎなかった（発行規模の大きかった短期国債の大部分は、日本銀行による引受発行であった）。

◆長期国債が再発行された1966年以降

第2に、1960年代後半以降の国債動向について確認しておきたい。1965年度には、財政法に対する特例債（発行は1966年）として赤字国債が発行され、1966年度以降は、建設国債が発行された。建設国債は、財政法第4条のただし書きに基づき発行される国債で、公共事業費、出資金および貸付金の財源として例外的に資金調達された。1970年代にはいると積極的に発行されるようになるが、1972年には、当初、国債の償還期限7年が10年に長期化され、発行利率は6・1％～8・7％のレンジで、経済状況に応じて推移した。1966年以降発行された主な国債は、①六分半利国庫債券（第1回債から第24回債が7年債、第25回債から第29回債以降が10年債）、②七分利付国庫債券（第1回債から第4回債まで・10年債）、

＊36　鎮目（2023）、65～66頁参照。

＊37　出所は、大蔵省『財政金融統計月報』であり、1945年9月から1952年9月までのデータは、「公社債発行平均利回り（興業銀行調）」、その後1965年12月までのデータは、「戦後における内国債等の発行条件改訂状況」。

③７・７５％利国庫債券（第1回債から第3回債まで・10年債）、④八分利国庫債券（第1回債から第14回債まで・10年債）[*38]という具合に徐々に発行利率を高めて順に発行された。そして、１９７７年5月以降から、現在まで発行が続いている⑤利付国庫債券（10年）が発行されている（この他に中期国債や超長期国債がある）。この１９６６年の①発行から④が発行された１９７７年までの期間は、引受シ団（有価証券の新規発行の引受のために複数の金融機関で結成されるシンジケート団のこと）である金融機関の資金力に応じて国債が割当発行されたため、金融市場の参加者により自由に価格や利回りが決定されるものではなかった。政府にとっては、必要な資金額を低金利で柔軟に調達できる体制を目指したと考えてよいだろう。戦時期のように日本銀行が直接引き受けることはなかったが、実質的に金融機関が割り当てられた国債を応募取得していたのである。

そのため政府としても、採算性が著しい低金利の国債を引き受ける金融機関に配慮して、短期金利の水準を調整するようになった。金融機関の資金調達金利であるコール・レートは、**図表5-9**に示すように１９６５年までは、国債発行利回りを常態的に上回りつつ、その変動幅も大きかったが、赤字国債が発行されて以降は、国債発行利回り以下で推移するケースが増えている。国債引受の主役であった銀行が、コール市場で資金調達して「低利国債を引き受けても大幅なキャピタル・ロスが発生しないように、コール・レートの変動を規制したから」[*39]である。政府の円滑な低利調達のために、市場による自由な価格決定機能を抑制し、短期金利水準も人為的に低位で抑制したのであった。

＊38　２０２４年８月現在、利付国庫債券（10年）は、第３７５回債（利率１・１％）まで発行が続いている。

＊39　志村（１９８０）、２９９頁参照。

このような体制は、戦後の国債流通市場の歴史と絡めてみると理解しやすい。戦後の国債流通市場は、取引所取引が再開されるまでは小規模な店頭取引にとどめ置かれたのである。債券を上場して自由な価格形成を許すと、高インフレにより低金利政策を続けられなくなり、経済復興に支障をきたすと考えられたからである。１９５６年に債券が取引所に上場された後も、上場銘柄数は限られ、国債価格も人為的に決定されていた。国債の場合には、新発債の発行条件に合わせて、流通・市場の価格が人為的に操作され、取引所価格が高めに維持されていたのである。発行市場の価格（利回り）が流通市場の価格（利回り）にそのまま写されることから、「写真相場」とも呼ばれた。この「写真相場」は１９７７年4月まで続き、取引所の国債上場価格は人為的に管理されたのである。そのためには、市場で価格が決定されないようにしなければならない。そこで、金融機関が引き受けた国債は、金融市場で売却することが禁じられると同時に、日本銀行は、発行後1年を経過した国債を全額買い取ったのである。１９７０年代にコール・レートが国債の利回り水準を上回る時期もあったが、金融機関の採算割れ期間を限定することで、金融機関経営の圧迫を緩和したのであった。前記の国債種別区分では、④の八分利国庫債券までが、統制的色彩が濃い時期であり、⑤の利付国庫債券（10年）が発行されると、国債市場の価格決定も徐々に自由化されるようになり、この段階に至って、やっと利付電信電話債*40との連動性が高まるようになった。そのため、国債流通市場における戦時金融統制は、終戦後30年超にわたり、その残滓が存在し続けたと言えよう。

*40　利付電信電話債券の「電信電話債の気配交換に関する申合せ」による交換気配により、１９６１年9月までの長期金利の水準の目途を探ることができる。それ以降は、東京証券取引所上場電信電話債券による月中平均価格から利回りを算出することが可能である。電信電話債の発行条件は、利率６・５％もしくは７・２％で、期間10年、5年据置、毎半年発行額の４％以上抽選償還というものだが、国債に比較すれば一定程度スプレッドが付与されていたと考えられる。

◆常態化する赤字国債と自由価格の形成

１９７０年代後半以降は、石油危機を契機にした不景気を背景に、発行形式も特例法に基づく、いわゆる赤字国債の大量発行が常態化するようになる。従来のように日本銀行が金融機関保有国債を買い取り続けるならば、累増する国債残高の大きさから、インフレーションの過熱を生じさせる懸念もあり、１９７７年４月から、金融機関保有国債の市中売却禁止政策が解除されたのである。ここに至り国債価格維持政策は後退し、自由な価格形成の第一歩を記したと言えよう。**図表5-9**からも１９７７年以降のコール・レートと国債利回りの連動性が高まっているのが確認できる。その後、国債利回りは、変動率が高まり小刻みに上下動を繰り返すようになっているが、特に１９８０年４月（９・５％）、１９８７年９月（６・３１％）、１９９０年９月（８・１１％）には急騰局面が発生している。１９８０年は、原油価格の上昇とともに、インフレ率も加速的に上昇したため、長短金利上昇が顕著になったケースである。内外経済環境の変化に応じて、金融市場がその変化を織り込みながら価格決定していく市場機能が高まってきていたことの証左と言えよう。１９８７年のケースは、第89回債（６・１％利率であることから通称ロクイチ国債）が、債券投機の過熱により大幅に金利低下した後に、そのバブル崩壊（金利急上昇による価格暴落）により、多くの市場参加者が損失を被った事例である。同年９月には、タテホ化学工業が巨額損失を出したことでさらに金利が急騰した、通称タテホショックであり、それだけ国債の流通市場の自由化が進展した証拠でもある。１９９０年９月は、イラクによるクウェート侵攻により原油価格が上昇する中で、相次ぐ公定歩合の引き上げを受けて国債利回りが上昇した事例である。2つの事例と同様に、国債利回り上昇局面では、低下局面よりも急速に変化するという金利の特性が鮮明である。

以上のように、1990年代半ばまでの国債利回りは、1977年を分岐点として統制色の強い戦時体制が転機を抑え、自由な市場による価格形

Column❹

個人投資家の人気を集めた「ワイド」

イラクのクウェート侵攻による原油価格の上昇に対応して、相次ぎ公定歩合が引き上げられた1990年の夏。株価バブル崩壊元年にも関わらず、日本銀行は金融引き締めを実施したため、秋口にかけて国債利回りを始め各種金利は急上昇したのである。一部の金融機関（長期信用銀行など）が発行していた５年物利付金融債の利率も上昇して８％を記録したが、債券利回りの急上昇（債券価格の暴落）で混乱する市場では、投げ売りの状態に陥り、一時的に９％前後で取引されたのである。

興味深いことに、慌てるプロの投資家に対して個人投資家は、高い利回りを好機と見込んだ行動に走る。この金融債を基に組成された金融商品である「利子一括払い利付金融債、通称『ワイド』」を購入しようと、金融機関の店頭に行列をつくったのである。普通の利付金融債は半年ごとに利息が支払われるのに対して、このワイドは表面利率を基準に半年複利で計算し、５年後の満期日、あるいは中途解約時に元利合計が支払われる仕組みであった。このワイドは、1990年10月には9.606％の高利回りを記録したため、個人投資家の注目を集めたのである。当時の夕方のニュース番組では、店頭で購入のための整理券を受け取れなかった人が不満を言っている風景が映し出されたほどであった。

わが国の個人投資家は、金利水準に対して非常に敏感である事例の１つと言えよう。その後の金利は、趨勢的に低下し続けていくため、絶妙なタイミングで高利回りを確保できた個人投資家は、金利上昇で混乱していたプロの投資家とは対照的であった。金利についても、混乱の中で冷静さを失わずに対応する姿勢が重要であると言えよう。

（参照）日本経済新聞「経済史を歩く（52）ワイドフィーバー（1990年）個人、高利回りに殺到　銀行、市場と向き合う時代に」日本経済新聞2013年５月12日、朝刊11面。

成が行われるようになったのである。しかし、その後、わが国が金融危機で苦しむ中、経済状況は停滞を続けたため、日本銀行が非伝統的金融緩和に政策変更するとともに、再び統制色の強いものに回帰するのであった。この点については、イールドカーブ・コントロール（YCC）に至る過程と重ねて第30節で確認したい。

30 金融財政政策の新潮流と最低金利水準

◆バブル崩壊後乱高下する国債利回り

１９９０年代半ば以降の日本経済は、バブル崩壊の影響を引きずり、金融機関の不良債権問題に苦しめられることになる。企業倒産の増加に伴う失業率の高止まりは、２０００年代まで続いたため、日本銀行は、金融緩和による景気悪化を回避する姿勢を徐々に強め、国債利回りも低下基調で推移した。高い金利水準に慣れた金融機関や機関投資家も、貸出が伸び悩む中で、余裕資金を国債投資に振り向けざるを得なくなったことも手伝い、国債利回りが低下（国債価格が上昇）したのである。

このような国債購入姿勢の拡がりは、一種の国債バブルの様相を呈し、10年国債利回りは、１９９８年、２００３年に１％を割れるまで急低下した。この金利変動は、１９８７年の国債利回り急低下後に、前記したタテホショックによる国債大暴落が続くのと同じように、反動的な国債利回り急上昇をもたらしたのである。1998年11月から1999年2月にかけては、積極的な財政政策が発動される過程で、大量の国債を引き受けていた大蔵省資金運用部が、債券買い切りを中止するとの観測が高まり国債利回りが急上昇した。「運用部ショック」と呼ばれる。また、2003年6月の国債暴落は、ほとんどの金融機関が国債投資をする際に、市場の価格変動が大きくなった場合に、投資額を削減するリスク管理モデル（バリュー・アット・リスク：VaR）を採用していたことにより発生した。いったん変動率が高まり国債の売却が始まると、売りが売りを呼ぶ展開となり、国債利回りが大幅に上昇したため、「VaRショック」と呼ばれている。このような象徴的な現象からも分かるように、国債利回りの急低下は、やがてその急上昇となって、経済社会を混乱に陥れるパターンが繰り返されたのであった。

◆金融市場調節の操作目標の変遷

この1990年代後半から、2000年代にかけての波乱の風が吹き荒れた国債市場に対して、日本銀行による金融政策も大きな節目を迎えていた。1994年には、金利自由化が完了し、それまで金融政策の基本的なスタンスを示していた「公定歩合（2006年8月には、「基準割引率および基準貸付利率」*41 に名称変更）」が、代表的な政策金利の役割を終えている。それに代わって日本銀行は、1995年から短期市場金利を誘導する公開市場操作を通じて、金融市場調節を行うようになった。特に、1998年からは、「無担保コール・レート（オー

＊41　金融機関から申し出があった場合に日本銀行が資金を貸し出す補完貸付制度（ロンバート型貸出制度）で適用される金利でありコール・レートの上限の役割が期待されている。

＊42　さらに2002年10月には、金融システムの安定化を図る目的で2兆円を上限に金融機関からの株式買い取りを決定した（その後2003年3月には3兆円まで引き上げられた）。

＊43　当座預金残高目標は、徐々に引き上げられ、2004年1月には、30～35兆円程度までになっている。

バーナイト物）」を金融市場調節の操作目標とするようになった。**図表5-10**で示す、１９９９年2月以降のゼロ金利政策は、このコール・レートを誘導するものであったが、２００１年3月から２００６年3月までは、「量的緩和政策」が実施されたため、主たる操作目標は、日本銀行当座預金残高に変更された。[*42] 量的緩和は、中央銀行が金融市場に供給する資金量を増加させることを通して、市場安定や景気回復を図る政策のことであり、当時の日本では金融システムの安定化とデフレ防止のために導入されたものである。具体的には、民間銀行等が日本銀行の当座預金に積んでおくべき所要準備額が4兆円であったものの、それを１兆円上回る5兆円水準まで、日本銀行が資金を供給するため、金融機関の資金繰りはそれだけ楽になる。あえて金融機関が資金調達をする必要性が低下したため、よりコール・レートにも低下圧力がはたらくようになったわけである。[*43]

このように、戦後の金融市場は、政府・日本銀行により管理されてきたものの、１９８０年代以降自由化が推進され、１９９０年代に、その自由化が一定の水準に達した段階で、金融政策の仕組みも大きく変わるようになってきたのである。しかし、自由化の完了後は、金融情勢が不安定化していたため、順風満帆の状態とは言えず、金融政策の

図表5-10 長短金利と日本銀行の当座預金残高

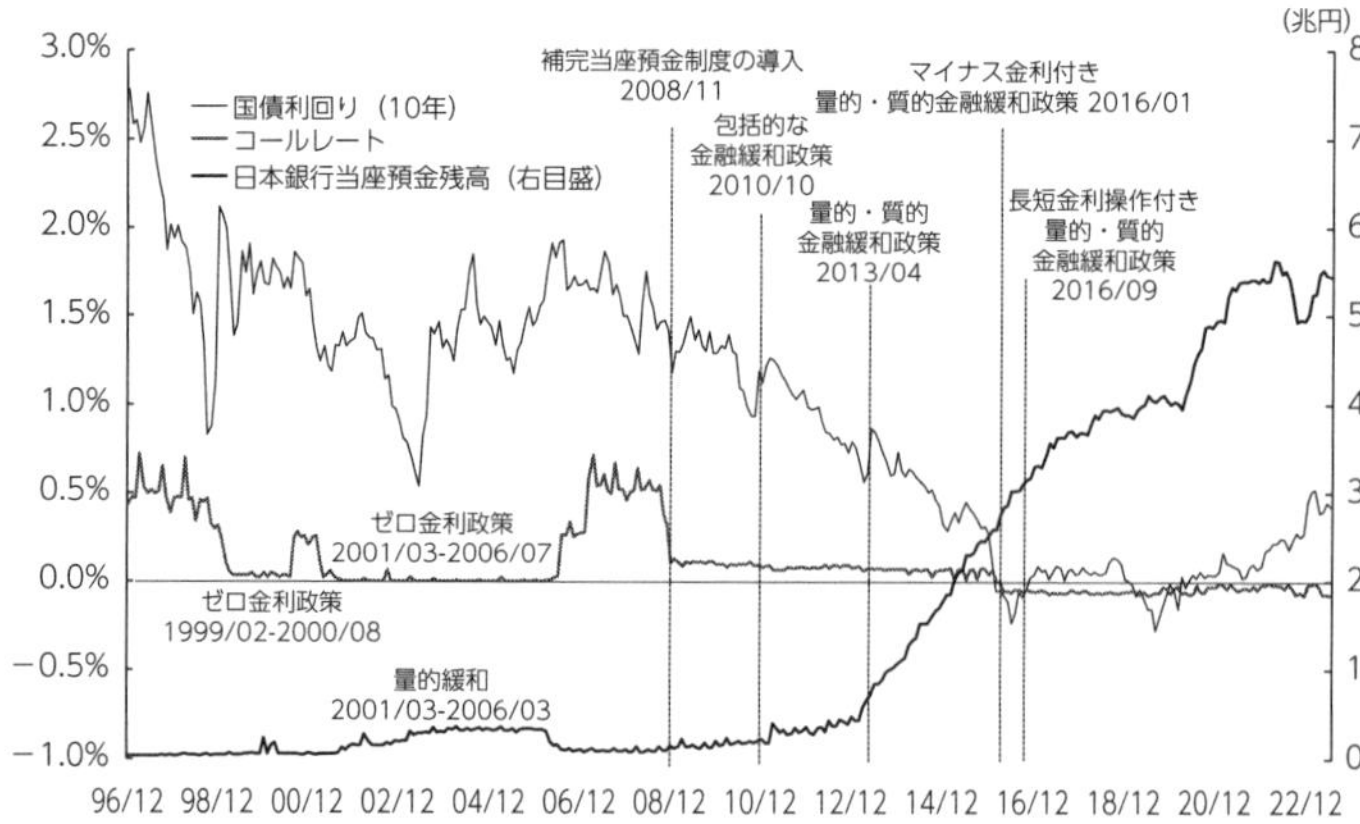

（出所）日本銀行、財務省のデータを基に作成。

仕組みの変更も、ポジティブな前向きの変更というよりも、混迷を深める金融事情を乗り越えるために窮余の策として捻り出されてきたものであった。この金利水準から当座預金量に切り替えられた操作目標変更も、デフレ懸念を払拭するための後向きの工夫に他ならなかったのである。

◆「包括的な金融緩和政策」の導入

この状況に加えて、さらに２００８年にはグローバル金融危機が発生し、国債利回りは１％台から長期低下基調を描き、２０１６年と２０１９年にはマイナス圏にまで突入した。日本銀行は、２００８年11月に当座預金（民間銀行等による日本銀行への預金）の法定準備額を上回る超過部分に対して０・１％の金利を付与する補完的当座預金制度を導入し、それまで金利を生まなかった超過準備に対して、金利を付与することで、民間銀行の収益を助けた。超低金利状態で有利な運用先が限られていた状況をサポートするとともに、市場金利の下限を設定する意味もあったのである。２０１０年10月には、「包括的な金融緩和政策」が決定され、金利誘導目標の変更（実質ゼロ金利政策）、「中長期的な物価安定の理解」に基づく時間軸の明確化、資産買入等の基金の創設が実施に移されることになる。

その中でも、資産買入等基金は、指数連動型上場投資信託（ETF）や不動産投資信託（J-REIT）の組み入れも対象とする政策であり、信用緩和を通して世の中のリスクプレミアムにはたらきかけることが意図された。他の市場参加者に対して、一種の「呼び水」となり、世の中の将来に対する楽観が高まることが期待されたが、2013年4月に始まる「量的・質的金融緩和（異次元の金融緩和）」による自己増殖の起点を与えることになってしまう。*44 政策目標は、マネタリー・ベース（＝銀行券発行高＋貨幣流通高＋日銀当座預金）に変更され、民間金融機関等から大量の国債を購入して当座預金を拡大させ、日本銀行のバランスシートは急速に拡大していく。しかし、目標とするデフレ脱却が見通せない中、2016年1月には「マイナス金利付き量的・質的金融緩和」、同年9月には「長短金利操作付き量的・質的金融緩和」が相次ぎ決定され、バナナのたたき売りのように、金融緩和の自己実現的スパイラルが進んでいったのである。2021年には、当座預金残高も500兆円を突破し、当初始めた量的緩和の目標5兆円の100倍にまでなった。

特に注目すべきは、長短金利操作として示されたイールドカーブ・コントロール（YCC）であろう。10年国債利回りをゼロ％にするというものであり、その後レンジ幅が拡張されたものの、日本銀行が無制限の国債買い付けを実施して、長期金利水準を安定化させるという統制的な金融政策であった。これは、まさに1930年代から1940年代前半にかけての戦時金融統制と極めて近似しており、90年代初頭に完成した金融の自由化とは反対方向の極に振れたと見なすことができよう。図表5-11は、国債発行残高に対する日銀保有割合であるが、日本銀行が、国債等への関与が2013年の異次元の金融緩和以降、高まっているのが確認されよう。まさに、人為的に統制された国債市場へと道を逆戻りしているといってもよい。1950年代

*44 量的・質的金融緩和は、「2年間で2％のインフレ目標を達成」、「マネタリー・ベース、長期国債およびETFの保有額を2年間で2倍に」、「長期国債買い入れの平均残存期間を2倍以上に延長」などが目標として掲げられた。

から１９７０年代にかけては、市場原理を放棄した金利統制が実施された時代であり、日本銀行による国債保有も６割程度を筆頭に高位で推移していたが、自由化の進展とともに90年代から２０００年代は低位で推移したのである。さらに興味深いことに、戦前・戦時期にあっても、日本銀行の保有比率は１９４１年の14％程度をピークとして、低位で推移していた点である。国債引受を実施し、国債利回りを強烈に抑制していた戦時期の３倍を上回る規模にまで、日本銀行が国債を保有している点で、日本銀行が実施したイールドカーブ・コントロールの異様さが浮かび上がってくるだろう。それだけ、国債市場の歪みが累積した点は、歴史的記録水準であったと表現してよいだろう。

◆変化する国債市場の特性

ところで、金融緩和期が長期化する中で、国債市場の特性は、１９６６年に赤字国債を発行した時点と比較して、大きく変化してきている。金融緩和の結果として、国債利回りは歴史的に

図表5-11　国債の主要所有者別保有比率

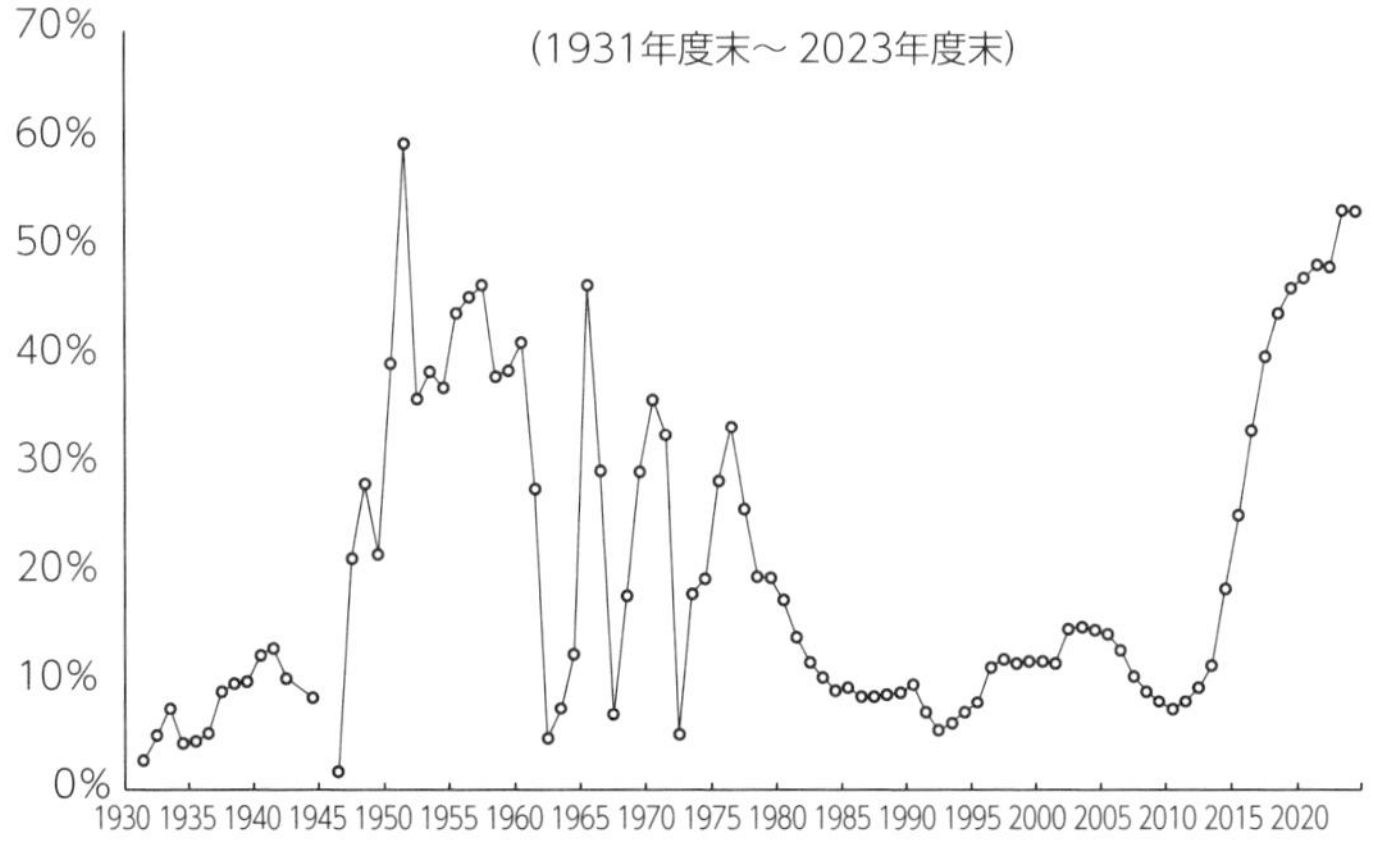

（出所）大蔵省理財局編『国債統計年報』および日本銀行百年史編纂委員会編『日本銀行百年史 資料編』（1943年度迄）、大蔵省財政史室編『昭和財政史 終戦から講和まで』第19巻（1952年度迄）、日本銀行「旧資金循環表（68SNA）」（1978年度迄）、日本銀行「資金循環表」（1979年度以降）のデータを基に作成（1942年度迄は暦年、1952年度迄は内国債、2007年度迄は政府短期証券・割引短期国債含む、その後は割引短期国債は含まない）。

低くなる一方で、平均残存年数は長期化しているのである。この点を確認するために、わが国の国債市場全体の動向や投資成果を示す国債指数（NOMURA BPI国債指数）を基準に数字で確認してみたい。*45 ただし、わが国の国債投資成果を示す国債指数の大部分は、1980年代から始まるものが多く、市場の統制色が強かった1960年代や高インフレ期の1970年代を含んでいない。そこで、国債流通市場が必ずしも活発だったとは言えないが、投資成果を示す国債指数（GBPI 1966-1985）を算出した上で、半世紀強にわたる国債市場全体の特性を確認する。*46

第1に、国債投資成果（1年超の国債全てに、時価総額比率に応じて投資していたとする場合）を確認すると、2022年（暦年）の国債投資成果である約マイナス5・5％は、1966年以降から2023年までの最低水準を記録した。*47 過去半世紀超の期間で、インフレ率が高かった時期を含めてのワーストワンを2022年に記録していたというのは驚きである。しかも暦年ベースでは、2020年から2022年まで3年連続のマイナスであり、インフレ率が高かった1970年代でも経験しなかった連続安に、日本国債市場が陥っていたのである。*48 日本銀行によるイールドカーブ・コントロール（YCC）が実施されていたにもかかわらず、国債市場の投資成果は、暦年ベースでは過去半世紀の中でも最低水準であったという事実を、われわれは再認識すべきであろう。

第2に、国債指数の複利利回りとデュレーションの推移を示した**図表5-12**を見ると、2010年代後半の国債利回りが戦後を通して、非常に低くなっていたのが理解されよう。複利利回り

*45 わが国の国債指数は数種類あるが、その中でも代表的指数は、NOMURA-BPI国債指数である。"NOMURA-BPIは、野村フィデューシャリー・リサーチ&コンサルティング株式会社（以下、"NFRC"）が公表する日本の公社債市場の動向を的確に表すために開発された投資収益指数である。なお、同指数に関する著作権、商標権、知的財産権その他一切の権利は、NFRCに帰属する。なお、NFRCは、同指数の正確性、完全性、信頼性、有用性、市場性、商品性および適合性を保証するものではなく、同指数を利用した本書から生じるいかなる責任を負わない。

*46 1966年8月～1983年12月は筆者が作成したGBPI(1966-1985)、1985年12月以降はNOMURA BPI国債。

は２０２４年７月末でも１％程度であり、１９７０年代の国債指数の平均複利利回り７・５％との乖離が非常に大きい。１９７０年代の場合には、国債を保有しているだけで、高い利回りを獲得できたため、国債価格が下落しても、その利回り分で補うことが可能である。それだけ、利回り上昇による国債価格の下落に対する耐性が高かったわけである。つまり、１９７０年代の場合には、金利上昇に対するバッファーが大きかったのである。さらに、２０２０年代初頭の国債指数のデュレーションが９を上回っているのに対して、１９７０年代の国債指数のデュレーションは５未満であり、約２倍になっているため、金利上昇による価格感応度も大きくなっている。*49 たとえば、デュレーション９というのは、債券利回りが１％上昇した時に、債券価格が９％程度低下すると考えてよい。それだけ、デュレーションが高まるということは、少しの利回り上昇でも債券価格の下落率が高くなるわけである。

つまり、日本銀行のイールドカーブ・コントロール（YCC）により、国債市場の統制が強まった最終局面では、国債投資成果の脆弱性は高まっていたのである。２０２４年３月に日本銀行は、イールドカーブ・コントロールおよびマイナス金利政策を解除しているが、国境を

図表５-12　日本国債の特性推移

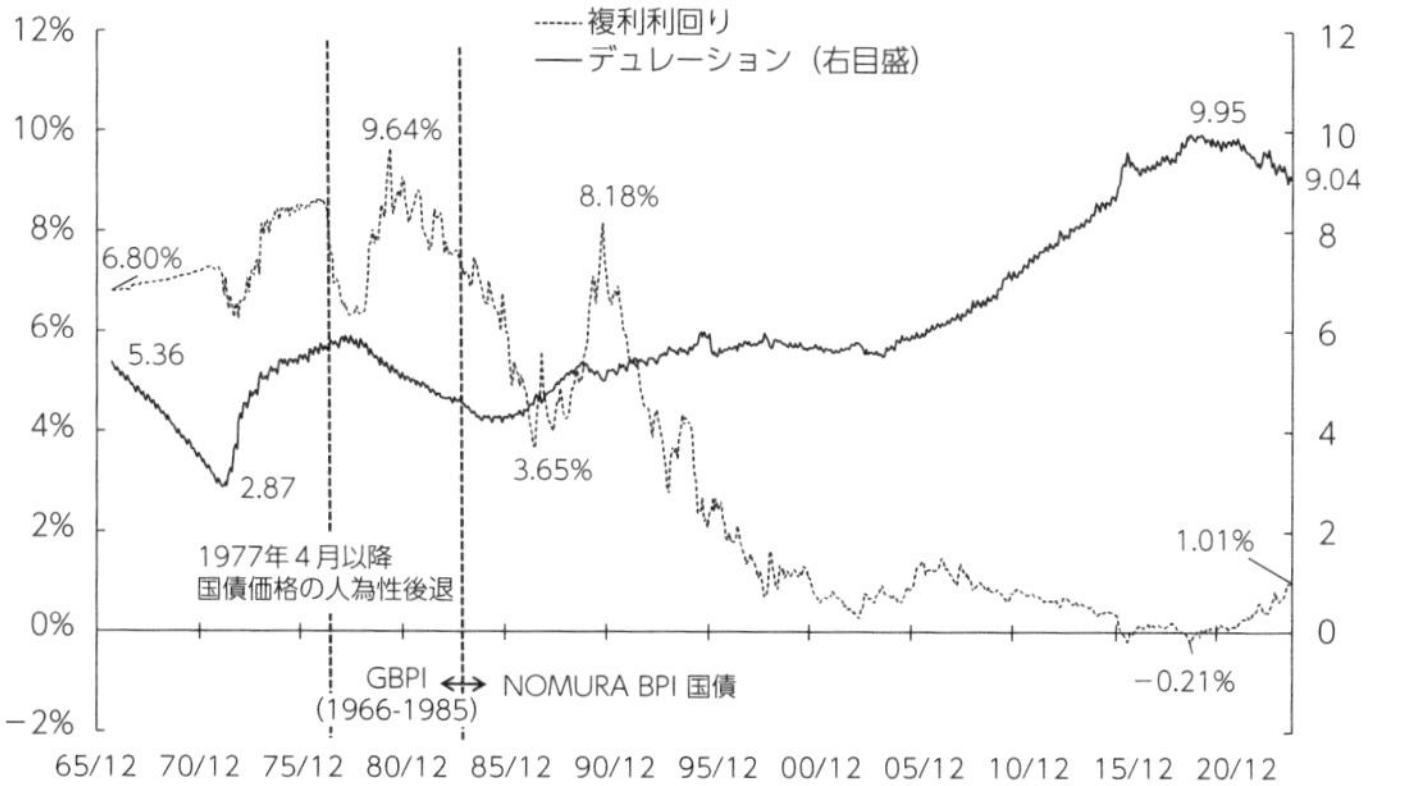

（注）1966年８月〜1983年11月は、日本証券業協会『公社債月報』等のデータを基に時価総額加重平均型国債指数であるGBPI（1966）を算出、その後2024年７月までは、NOMURA BPI国債。

越えて自由に資金が移動するグローバル金融市場を前提とした場合に、政府・日本銀行による政策運営の難易度は、戦前・戦時期や自由化前に比べて格段に高まっているはずである。低い国債利回り水準と高いデュレーションが債券価格下落損を補えず、国債投資成果が思いのほか悪化するリスクを抱えているのである。

＊47　年度ベースでは、１９８９年度が約マイナス６％で最低値になる。なお、同期間で投資成果の最高値は、暦年および年度ともに１９７７年の約20％であったと推計された。暦年、年度にかかわらず単純に前年同月対比で最も投資成果が低かったのは、１９９０年９月の約マイナス８・７％であった。

＊48　２０２３暦年はプラスに回復している。

＊49　正確には修正デュレーションで比較するのが適切である。

おわりに

本書では、欧米の超長期データを基に、金利史に関する深掘りを試みた。世界の金利の変遷については、メソポタミア期以降の古代、欧州の商人による王室への貸出が積極的に行われた時代、国債が取引されて市場金利が確認できるようになった時代、英国でのフィナンシャル・リボルーション、変化する米国の国債管理政策などに焦点を絞って概観した。もっとも、歴史の評価は、観察者次第で大きく変化するため、いくつかのトピックスに集約することで把握しきれるものではない。われわれは、単純化により短兵急に歴史を評価するのは避けるべきである。

しかし、2020年以降、グローバルに金利変動が激しくなっており、現代の状況を歴史的文脈の中で、どのように位置づけたらよいのかという声も多くなっている。本書では、そのニーズに応えていく意義も大きいと考え、多くの読者が理解しやすいように、複数の課題に集約して整理している。また、カネの魅力度を示す金利は、物価の変化率を表すインフレ率と表裏一体の関係にある。そのため、金利の理解のためには、カネやモノの歴史を把握するのが不可欠である。これについては同時発刊の姉妹書『物価の歴史』にて取り上げているため、手にとっていただき、確認できるはずである。

なお、わが国の金利の歴史については、世界の金利の概要とは別に、第5章で独立して取り扱った。日本では、明治維新以降の金利データに比べて、江戸時代までの金利データが少なく、欧米と同じように推移を確認できなかったからである。さらに、明治維新以降の金利の歴史についても、通史的な研究が少ないだけでなく、国債市場のマイクロ・ストラクチャーについても志村嘉一（１９８０）『日本公社債市場史』を除くと部分的なものにとどまっているのが現状である。そこで、研究書のように深入りすることは避けたが、これまで筆者が取り組んだ国債市場のデータベース化の成果を踏まえて、俯瞰できるように少数のグラフに集約して記している。読者がイメージしやすいように、現在の金利の位置取りを明らかにしたつもりである。これらの数々のグラフは、おそらく国債市場の専門家も目にしたことのないグラフではないかと自負している。

２０２４年3月、日本銀行は、十数年にわたり続けられてきた異次元金融緩和政策からの回帰を決定した。これから未踏の大地を進むが如く、正常化の道を進むことになるだけに、過去からわれわれが歩んできた道程も確認しておくべきはずだ。特に２０２４年7月に日本銀行は、国債買入減額の行程を示し、同時に利上げを実施したものの、期を同じくして為替市場と株式市場の大変動に見舞われただけに、今後の国債市場の変動を回避していくことも、難易度の高さが予想されよう。このような変動に見舞われ、今後の政策運営も含め、市場参加者や多くの人々にとっても、国債市場の動向は気になるはずである。そこで巻末にあたり、本書の内容を簡単にまとめて、将来を見晴らす目安にしたいと考えている。おおむね本書の内容は、次の3点に集約されるはずである。

1　最低金利国の移り変わりと金利変化のパターン

主要国の中で最も低い金利で資金調達できる国は、時代とともに移り替わってきた。16世紀後半から17世紀初頭にかけてのジェノヴァなどのイタリアを皮切りに、17世紀から18世紀にかけてのオランダ、18世紀中葉の英国、19世紀後半の英国、20世紀中葉の米国、そして20世紀後半から21世紀にかけての日本・スイスという具合に最低金利国は転移してきたのである。これらの国々は、貿易や産業などを通して富を蓄積した資本輸出国であることが多いが、それにも寿命があり、常にその地位を維持し続けることは難しいわけだ。このような最低金利国に共通するのは、金利が上昇と下落を繰り返すだけではなく、長期にわたり低位の狭いレンジで推移する時期が頻出している点である。しかし、低位安定期であった金利も、ある種のトリガーがひかれたときには、急激に金利が上昇し、その事象が沈静化すると低下するというパターンが確認される。これは一種の「心電図型」の金利推移イメージである。そのトリガーとしては、政府・中央銀行に対する信認の喪失などを含む政治的要因が挙げられる。金利を考える上では、戦争や紛争がインフレ率や政府信用に作用する事例が多く、無関係ではいられない。

金利の歴史からは、戦争に明け暮れる王室（政府）の信用は、商人間の信用よりも低く、調達金利は高かったことがうかがえる。一方、18世紀以降の英国のように、国債市場参加者に対する配慮を怠らず、政府に対する信認を得ることに長けた場合には、低金利での資金調達が可能になった。この場合には、国内に限らず、海外投資家も含んだ多様な投資家による国債投資が促されていた点は重要である。特定の投資家に国債の保有が偏ることで、その投資家の投資姿勢変更が、国債の流動性を極端に低下させてしまうリスクがあるからだ。そのため、わが国のように日本銀行に国債保有が集中し過ぎている場合には、投資家の多様化は喫緊の課題と言える。心電図型の金利推移に則れば、低位安定していた金利は、突如として上昇するパターンは否定できないが、その発生時期を特定することはできないだけに安閑としてはいられない。

2　政府債務の増減と金利の関係

一方、政府債務の増加は、常に長期金利の上昇をもたらすわけではない点が明らかである。たとえば、19世紀初頭にかけての英国は、軍事費の負担などにより政府債務の対ＧＤＰ比率が上昇したものの、国債利回りは低位で安定していた。民間部門の投資意欲が高まる中で、人口増加率の上昇による１人当たりの政府債務負担が減少したことに加え、金本位制が維持され貨幣価値も保たれたからと考えられる。また、17世紀のオランダも、経済的な覇権が衰退期に差し掛かり、政府債務が拡大しても、低金利で資金調達できたというダッチ・ファイナンスという事例もある。その理由は、①消費よりも貯蓄を指向する国民の倹約性向、②通商による膨大な利益獲得（膨大な累積経常黒字）、③政治と経済が融合し官民一体となった政策運営、そして④政府資金調達のための効果的な機構（永久年金債）が存在していたためである。この永久年金債を預貯金による間接的国債投資に置き換えると、21世紀初頭までの日本も同様であったと言える。

しかし、今後は貯蓄を積み重ねた世代が高齢化して取り崩す世代に移行していることや、海外投資の積極化などを考えると、この構図に変化の兆しが見えるため慎重な対応が求められる。さらに、1980年代にかけての英国が、戦費の増加、社会福祉への資金投入で財政が悪化したものの、インフレーションにより、政府債務のGDP比率を低下させたのは回避すべき事例に違いない。債務の実質負担減は、自国通貨安による国債投資家の利益や国民の富を損なう結果に至るからである。

3　世界的マイナス金利は異常値か、新しい資本主義の模索か

16世紀以降、国債利回りの最低水準は、おおむね2％程度であり、一時的に2％ラインを下回っても反動的に利回りが上昇する傾向があった。また、2％程度まで国債利回りが低下する局面では、チューリップバブル・南海バブル・ミシシッピーバブルなど著名なバブルが発生しているケースも散見されている。低金利は、より有利な投資対象への資金移動を促し、時として資本主義特有のレバレッジを伴うバブルを発生させてきたのである。ところが2010年代には、この2％ラインを下回り、主要国の国債利回りがマイナス圏に突入したのである。この現象を、2％ライン下限観の一時的例外であり、今後も過去のパターンが踏襲されるとみるか、

歴史的に異次元の領域に人類は足を踏み入れてしまったと考えるかは、現代のところ判断がつかない。

そこで、われわれは、欧州では、近世になってはじめて金利が公式に認められるようになった点を思い返してみるべきかもしれない。人類の歴史は、信用の歴史でもあったが、その際に金利を徴収するか否かという徴利論争は、「金利は所与のものである」わけでないことを示している。近世以降に勝ち取ってきた徴利容認の流れは、資本主義社会の到来と共に主流化していったのと無関係とはいえないだろう。逆に現代の資本主義がネガティブに捉えられ、異なる社会の仕組みが模索されるならば、金利に対する世の中のイメージも変化することになる。たとえば、所得や資産格差が拡大し過ぎると、金利収入による利得に対するネガティブな見解が台頭することも視野に入れる必要があるかもしれない。この観点からは、２０１０年代に主要国の国債利回りがマイナス圏に突入し、従来の金利下限の２％ラインを下回ったことは、新たな資本主義の模索の象徴だった可能性は否定できない。われわれは、国際関係だけでなく社会思潮が金利の存続を左右していくシナリオも頭の片隅に置くべきかもしれない。

ところで、われわれは、自らの視野・視角というフィルターを介して現状を認識し、判断を下す傾向がある。これは空間軸だけでなく時間軸でも同じであろう。物価や金利の歴史に関するデータが、近年の事象に限られているため、どうしても数十年程度のデータを基に意思決定してしまう。しかし、その時間軸を拡げてみると、現代の位置づけが、これまでと全く異なって見えることにしばしば出会うことがある。それだけに、現代を理解するために、歴史の断面を知っておくことは、独断に頼らず、虚心坦懐であるために求められていると言えよう。

経済学者の北村行伸氏は、地価を始めとする資産価格が上昇を続けることを前提に経済契約を結んだことを遠因としてバブルが崩壊した事例について、「市場経済が超長期でどのように変動するかという歴史観が決定的に不足していた証拠」*1であると指摘している。まさに現代を生きるわれわれには、できるだけ遠い昔のことも謙虚に探索していく姿勢が求められているのであろう。

一方で、ケネス・ボールディングの次の言葉は、超長期の歴史観を踏まえた上で、現実社会に対峙する姿勢をわれわれに教えてくれる。

「われわれは、間違っているかもしれないと疑ってみる謙虚さが必要である。それが欠けた場合には、われわれは学ぶことができなくなるからである。そして、われわれの現在の理解に確信をもつためには、大胆さが要求される。もしこれに欠けると、われわれは行動を起こすことができないからである」*2

大事な点は、歴史に謙虚に学びつつ、行動には大胆さが要求されるため、「謙虚さと大胆さのバランス」をとっていくということかもしれない。本書を通して、様々な金利史の事例を紐解いてきたが、これらを踏まえつつ読者にあっては、現実社会での行動のヒントとしていただ

*1 詳しくは、北村（2002）、28頁参照。

*2 詳しくは、Boulding（1970）、邦訳49頁参照。

けたら、筆者にとって望外の歓びである。

本書は、2001年の拙著『金利史観』、2008年の拙著『振り子の金融史観』に続く位置づけにあたる書籍として、特に金利史に焦点を当てて執筆したものである。特に物価史については、同時発刊の姉妹書『物価の歴史』において詳しく記しており、そちらも参照していただければ幸いである。

『物価の歴史』、『金利の歴史』は、学術書を中心に確認作業に時間を要したため、企画から1年以上を経過しての脱稿となった。三週間で書き上げた『日銀ETF問題』を担当いただいた土生健人氏にあっては、前著と比べて時間を要した本書の執筆に驚かれたかもしれない。それにもかかわらず、粘り強くお付き合いいただき、種々アドバイスを賜ることができた。巻末にあたり、このご厚意に感謝申し上げたい。

また、編集作業を引き継ぎ、最終的な発刊に至るまでサポートいただいたのが浜田匡氏である。込み入った内容の書籍にもかかわらず、適切なアドバイス等をいただき感謝に堪えない。

2024年8月31日

平山 賢一

井上準之助（1869～1932年）
https://commons.wikimedia.org/wiki/File:Inoue_Junnosuke_1-2.jpg
濱口内閣の蔵相時代

二・二六事件。1936（昭和11）年２月26日から２月29日にかけて発生した日本のクーデター未遂事件。
https://commons.wikimedia.org/wiki/File:2_26_Incident.jpg
叛乱軍の栗原安秀陸軍歩兵中尉（中央マント姿）と下士官

関東大震災時の日本橋方面の惨状
https://commons.wikimedia.org/wiki/File:Desolation_of_Nihonbashi_and_Kanda_after_Kanto_Earthquake.jpg

ジョゼフ・ドッジ（右）と大蔵大臣池田勇人
https://commons.wikimedia.org/wiki/File:Hayato_Ikeda_meets_Joseph_Dodge.jpg

1862年発行の5ドル紙幣
https://commons.wikimedia.org/wiki/File:Greenback-1862.jpg

ヒュー・マカロック
https://commons.wikimedia.org/wiki/File:McCULLOCH,_Hugh-Treasury_(BEP_engraved_portrait).jpg

大恐慌初期（1931年）の取り付け騒ぎ時にニューヨークのアメリカ連合銀行に集まった群衆
https://commons.wikimedia.org/wiki/File:American_union_bank.gif

$100,000のトレジャリービル（1969年）
https://commons.wikimedia.org/wiki/File:1969_$100K_Treasury_Bill_(front).jpg

ペン・セントラル鉄道の機関車4801号および4800号
https://commons.wikimedia.org/wiki/File:Penn_Central_No_4801_4800.jpg

第5章
1904（明治37）年ロンドンで発行された六分利付英貨債証券（見本）（日本銀行金融研究所アーカイブ所蔵）
https://www.imes.boj.or.jp/archives/digital_archive/bonds/pages/eikakousai01.html

高橋是清が肖像画として使われた日本銀行券B50円券（表）
https://commons.wikimedia.org/wiki/File:Series_B_50_Yen_Bank_of_Japan_note_-_front.jpg

大東亜戦争国庫債券
https://commons.wikimedia.org/wiki/File:Japanese_wartime_national_debt.jpg

朝鮮銀行本店。現在も韓国銀行貨幣博物館としてソウル市内に残る。
https://commons.wikimedia.org/wiki/File:Bank_of_Chosen.JPG

東京株式取引所（1910年頃）
https://commons.wikimedia.org/wiki/File:Tokyo_stock_exchange_in_the_meiji_era.jpg

16世紀のアントワープ取引所
https://commons.wikimedia.org/wiki/File:De_Beurs_van_Antwerpen.jpg

サン・ジョルジョ銀行本店があったサン・ジョルジョ宮殿
https://commons.wikimedia.org/wiki/File:Palazzo_San_Georgio_Genova_W.jpg

17世紀当時のアムステルダム銀行
https://commons.wikimedia.org/wiki/File:Saenredam_-_Het_oude_stadhuis_te_Amsterdam.jpeg

第３章

ルイ14世の肖像（リゴー画）
https://commons.wikimedia.org/wiki/File:Louis_XIV_of_France（cropped）.jpg

オルレアン公フィリップ
https://commons.wikimedia.org/wiki/File:Portrait_of_Philippe_d%27Orl%C3%A9ans,_Duke_of_Orl%C3%A9ans_in_armour_by_Jean-Baptiste_Santerre.png

ジョン・ロー
https://commons.wikimedia.org/wiki/File:John_Law-Casimir_Balthazar.jpg

ロバート・ウォルポール（ジャン＝バティスト・ヴァン＝ロー画）。
https://commons.wikimedia.org/wiki/File:Retuched_Painting_of_Robert_Walpole.jpg

南海泡沫（バブル）事件（エドワード・マシュー・ウォード画）
https://commons.wikimedia.org/wiki/File:South_Sea_Bubble.jpg

第４章

アレクサンダー・ハミルトン。肖像画はアメリカ合衆国10ドル紙幣（SERIES 2004A）に使われている（ジョン・トランブル画）
https://commons.wikimedia.org/wiki/File:US10dollarbill-Series_2004A.jpg

https://commons.wikimedia.org/wiki/File:Portrait_de_Dante.jpg

ブレシアの旧モンテ・ディ・ピエタ
https://commons.wikimedia.org/wiki/File:Brescia_monte_di_Piet%C3%A0_vecchio_loggiato_by_Stefano_Bolognini.JPG

第２章

『ヴェニスの商人』劇中における高利貸しシャイロックと商人アントニオ
https://commons.wikimedia.org/wiki/File:Shylock_rebuffing_Antonio_(Westall,_1795).jpg

シャルル８世（1470〜1498）
https://commons.wikimedia.org/wiki/File:Charles_VIII_Ecole_Francaise_16th_century_Musee_de_Conde_Chantilly.jpg

ジョバンニ・ディ・ビッチ（1360〜1429）
https://commons.wikimedia.org/wiki/File:Giovanni_di_Bicci_de%27_Medici.jpg

バラ戦争の大きな節目となったテュークスベリーの戦い
https://commons.wikimedia.org/wiki/File:MS_Ghent_-_Battle_of_Tewkesbury.jpg

アダム・スミス（1723〜1790）
Etching created by Cadell and Davies (1811), John Horsburgh (1828) or R.C. Bell (1872)., https://commons.wikimedia.org/wiki/File:AdamSmith.jpg

マルティン・ルター（1483〜1546）
https://commons.wikimedia.org/wiki/File:Lucas_Cranach_(Ｉ)_workshop_-_Martin_Luther_（Uffizi).jpg

ジャン・カルヴァン（1509〜1564）
https://commons.wikimedia.org/wiki/File:Portrait_john_calvin_（flipped).jpg

ともに簿記を学んだヤーコプ・フッガーと、フッガー家の会計主任であるマッティウス・シュヴァルツ
https://commons.wikimedia.org/wiki/File:Fuggerkontor.jpg

ジットの世界史』金融財政事情研究会。
Smith, A. (1789), "An Inquiry into the Nature and Causes of the Wealth of Nations", in three volumes, the fifth edition, London: printed for A. Strahan; and T. Cadell, in the Strand, MDCCLXXXIX.（邦訳）アダム・スミス／大河内一男監訳（1978）『国富論Ⅲ』中央公論新社。
Thomas, R and Dimsdale, N (2017) "A Millennium of UK Data", Bank of England OBRA dataset, http://www.bankofengland.co.uk/research/Pages/onebank/threecenturies.aspx
Tvede, L. (2013), "Business cycles", Routledge.（邦訳）ラース・トゥヴェーデ／赤羽隆夫訳（1998）『信用恐慌の謎』ダイヤモンド社。

【画像出所】

第1章

アリストテレス
https://commons.wikimedia.org/wiki/File:Head_of_Aristotle.jpg

J. R. ヒックス
https://commons.wikimedia.org/wiki/File:John_Hicks_1972b.jpg

アス
https://commons.wikimedia.org/wiki/File:Vecchi_005.jpg

カルタゴの最高司令官・ハンニバル・バルカ
https://commons.wikimedia.org/wiki/File:Hannibal_Barca_bust_from_Capua_photo.jpg

ウズラ（Usury）
https://commons.wikimedia.org/wiki/File:UsuryDurer.jpg

ミダス王
https://commons.wikimedia.org/w/index.php?curid=7397327
（1893年発行版のウォルター・クレイン - Library of Congressによる絵）

インノケンティウス4世
https://commons.wikimedia.org/wiki/File:Pope_Innocent_IV.jpg

ダンテ・アリギエーリ（1265～1321）

Bubble 1720 Project" (database). Yale University School of Management, International Center for Finance. http://som.yale.edu/faculty-research/our-centers-initiatives/international-center-finance/data/ historical-southseasbubble/ (Accessed, July 17, 2023).
Galbraith, J. K. (1990), "A short history of financial euphoria", Penguin Group. (邦訳) ジョン・K・ガルブレイス/鈴木哲太郎訳 (1991)『バブルの物語』ダイヤモンド社。
Gelderblom, O., & Jonker, J. (2011), "Public Finance and Economic Growth; the case of Holland in the Seventeenth Century." *The Journal of Economic History*, 71 (1), 1-39.
Hamilton, Earl J. (1934), "American Treasure and the Price Revolution in Spain ,1501-1650", Harvard Economic Studies, Vol. 43, 1934. Repr. New York: Octagon Books, 1977.
Hargreaves, E. L. (1930), "The National Debt", Edward Arnold: London. (邦訳) E. L. ハーグリーヴズ/一ノ瀬篤・斎藤忠雄・西野宗雄訳 (1987)『イギリス国債史』新評論。
Hicks, J.R. (1969), "A theory of Economic History", Oxford University Press. (邦訳文庫版) J. R.ヒックス/新保博、渡辺文夫訳(1995)『経済史の理論』講談社。
Homer, S., & Sylla, R. E. (2005), "A history of interest rates", the fourth edition, Rutgers University Press.
Kennedy, P. (1987), "The rise and fall of the great powers: economic change and military conflict from 1500 to 2000", Random House, Inc., New York. (邦訳) ポール・ケネディ (1993)『決定版　大国の興亡 (上) (下)』草思社。
Le Goff J. (1986), "La Bourse et la Vie" (邦訳) ル・ゴッフ/渡辺香根夫訳 (1989)『中世の高利貸』法政大学出版局。
Morgan, E. V. (1965) , "The Theory and Practice of Central Banking, 1797-1913" , Psychology Press. (邦訳) E.ビクター・モーガン/小竹豊治監訳 (1989)『貨幣金融史』慶應通信。
O'Donoghue, J., Golding, L., & Allen, G. (2004), "Consumer price inflation since 1750", Office for National Statistics.
Rosa-Maria Gelpi and François Julien-Labruyère (1994), "Histoire du crédit à la consummation. " (邦訳) F.ジュリアン=ラブリュイエール、R.ヘルピ/木下恭輔監修アコム・プロジェクト・チーム訳 (1997)『消費者クレ

イツとスペイン（その２）―」『商経論叢』第29巻第１号、33～70頁。

英文

Aristotelis (1957), "Politica", rocognovit brevique adnotatione critica instruxit, W. D. Ross, Oxonii.（邦訳）アリストテレス／山本光雄訳（1961）「政治学」『アリストテレス全集15』岩波書店。

Barbour, Violet (1950), "Capitalism in Amsterdam in the 17th Century", Baltimore, Johns Hopkins Press.

Baskin, J. B., & Miranti Jr, P. J. (1999), "A history of corporate finance", Cambridge University Press.（邦訳）J. B. バスキン、P. J.ミランティ, Jr.／青山英男監訳（2005）『ファイナンス発達史』文眞堂。

Bernstein, P. (2000), "The Power of Gold: The History of an Obsession", John Wiley & Sons.（邦訳文庫版）ピーター・バーンスタイン／鈴木主税訳（2005）『ゴールド：金と人間の文明史』日本経済新聞出版。

Bernstein, W. J. (2004), "The Birth of Plenty", The McGraw-Hill Companies, Inc.（邦訳）ウィリアム・バーンスタイン／徳川家広訳（2006）「『豊かさ』の誕生　成長と発展の文明史」日本経済新聞出版。

Boulding, K. E. (1970), "A primer on social dynamics: history as dialectics and development", The Free Press, New York.（邦訳）ケネス・ボールディング／横田洋三訳（1979）『歴史はいかに書かれるべきか』講談社。

Braun, H. (1963), "Geschichte der Lebensversicherung und der Lebensversicherungstechnik", Veröffentlichungen des Deutschen Vereins Für Versicherungswissenschaft, Heft 70.（邦訳）H.ブラウン／水島一也訳（1983）『生命保険史』明治生命100周年記念刊行会。

Congress of the United States (1952), "Monetary Policy and the Management of the Public Debt: Report of the Subcommittee on General Credit Control and Debt Management of the Joint Committee on the Economic Report", 82nd Congress 2nd Session, Government Printing Office, Washington.

De Vries, J., & Van der Woude, A. (1997) "The first modern economy：Success, failure, and perseverance of the Dutch economy, 1500-1815", Cambridge University Press.（邦訳）J・ド・フリース、A・ファン・デァ・ワウデ／大西吉之・杉浦未樹訳（2009）『最初の近代経済―オランダ経済の成功・失敗と持続力 1500～1815』名古屋大学出版会。

Frehen, R., Goetzmann, W. N. and Rouwenhorst, K. G. (2013), "South Sea

東京証券取引所（1974）『東京証券取引所20年史』。

東洋経済新報社編（1924）『金融六十年史』東洋経済叢書第１輯。

富田俊基（2006）『国債の歴史』東洋経済新報社。

中田一郎訳（1999）『ハンムラビ「法典」』リトン。

永山貞則（1963）「戦前戦後の物価比較」、森田優三編（1963）『物価』春秋社、55～80頁。

日本銀行（1956）「政府短期証券起債方法の変遷（その一）—短期証券と日銀信用を中心として—」『調査月報』1956年６月号。

橋本寿哉（2013）「メディチ銀行の経営組織と拠点管理」『経済研究』第26号、41-63頁。

早島大祐（2018）『徳政令　なぜ借金は返さなければならないのか』講談社。

原薫（2011）『戦時インフレーション：昭和12～20年の日本経済』桜井書店。

平山賢一（2001）『金利史観』RPテック。

平山賢一（2008）『振り子の金融史観』シグマベイスキャピタル。

平山賢一（2016）「金利史からみるマイナス金利」『企業会計』第68巻10号、1359～1366頁。

平山賢一（2018）「昭和初期国債市場のパフォーマンスインデックス算出による挽証」『金融経済研究』第40号、54～65頁。

平山賢一（2019）『戦前・戦時期の金融市場』日本経済新聞出版社。

平山賢一（2021）「戦時末期の国債売買と投資成果」『証券経済研究』第113号、19～45頁。

平山賢一（2022）「日英米市場における外貨建日本国債の投資成果」『証券経済学会年報』第57号、23～47頁。

平山賢一（2024）『物価の歴史』中央経済社。

平山健二郎（2004）「16世紀「価格革命」論の検証」『経済学論究』第58巻第３号、207～225頁。

マックス・ウェーバー／弓削達、渡辺金一訳（2000）『古代社会経済史』東洋経済新報社。

宮田美智也（1987）「17・18世紀アムステルダムの金融市場の構造」『金沢大学経済学部論集』第7巻第２号、41～85頁。

宮田美智也（1995）『ロンドン手形市場の国際金融構造』文眞堂。

明治文献資料刊行会（1966）『明治前期産業発達史資料』別冊第19、第４～第５「東京株式取引所期月相場」。

森田義之（1999）『メディチ家』講談社。

諸田實（1993）「スペイン王室の銀行家—一六世紀の国際金融史における南ド

らの再評価」、財務省財務総合政策研究所編『フィナンシャル・レビュー』第50号、125～144頁。

岡崎久彦（1991）『繁栄と衰退と』文藝春秋。

小野圭司（2021）『日本　戦争経済史』日経BP。

金井雄一（2023）『中央銀行はお金を創造できるか―信用システムの貨幣史―』名古屋大学出版会。

北村行伸（2002）「物価と景気変動に関する歴史的考察」『金融研究』第21巻第1号、1～34頁。

木村康彦・木村靖二・吉田寅編（1995）『詳説　世界史研究』山川出版社。

小池良司（2019）「1940年代の家計消費の補間」金融研究所ディスカッションペーパーNo.2019-J- 2、日本銀行金融研究所。

小池良司（2023）「明治期から戦後復興期までの日本銀行バランスシート：データの整理とその変遷」金融研究所ディスカッションペーパーNo.2023-J-4、日本銀行金融研究所。

『聖クルアーン』

佐伯啓思（2000）『貨幣･欲望･資本主義』新書館。

鎮目雅人（2018）「第二次世界大戦中の日本の闇物価について――ヘドニック・アプローチに基づく推計――」金融研究所ディスカッションペーパーNo.2018-J-17、日本銀行金融研究所。

鎮目雅人（2023）「金融政策と国債管理」『金融経済研究』第46号、52～70頁。

渋谷博史（1992）『レーガン財政の研究』東京大学出版会。

志村嘉一（1980）『日本公社債市場史』東京大学出版会。

高石末吉編（1970）『覚書終戦財政始末』第5巻（終戦と軍事借入金の弁済）大蔵財務協会。

高木久史（2018）『撰銭とビタ一文の戦国史』平凡社。

高橋琢磨（1990）『マネーセンターの興亡』日本経済新聞出版。

竹森俊平（1999）『世界経済の謎』東洋経済新報社。

多田井喜生編（1983）『続・現代史資料11　占領地通貨工作』みすず書房。

玉木俊明（2012）『近代ヨーロッパの形成　商人と国家の近代世界システム』創元社。

ダンテ.A.／平川祐弘訳（1992）『神曲』河出書房新社。

『東京株式取引所営業報告書』。

『東京株式取引所月表』。

東京株式取引所・日本証券取引所『統計月報』。

東京証券取引所（1970）『東京証券取引所20年史』規則・統計。

【参考文献】

和文

青野正道（2003）『金融ビジネスの歴史』中央経済社。

秋元英一（1995）『アメリカ経済の歴史 1492－1993』東京大学出版会。

有沢広巳編（1978）『証券百年史』日本経済新聞社。

アルビン・トフラー（2000）「世界はいっそう不安定になろうとしている」『Foresight』11巻1号（通号119）、40～46頁、2000年1月。

池島正興（1995）「アメリカの国債管理政策論の変貌：古典的国債管理政策論の後退と景気対策型国債管理政策論の生成」『関西大学商学論集』第40巻第4・5合併号、447～479頁。

石坂昭雄（1968）「17・18世紀におけるアムステルダム中継市場の金融構造：その系譜と継承」『経済學研究』第18巻第3号、75～168頁、北海道大学。

石見徹（2012）「西欧近世の覇権国と通貨金融」『経済学論集』、第78巻第2号、2～27頁。

岩井克人（1992）『ヴェニスの商人の資本論』筑摩書房。

宇佐美誠次郎（1951）「日本戦時財政史の一断章 ―軍費「現地調弁」のカラクリ―」『経済志林』第19巻第1号、18～51頁。

内田健三・沖津正恒・加藤隼人幅（2007）「座談会戦後公社債市場の歴史を語る」『証券レビュー』第47巻別冊、1～60頁。

大蔵省・日本銀行編（1948）『財政経済統計年報』大蔵財務協会。

大蔵省財政金融研究所財政史室編（1998）『大蔵省史：明治―大正・昭和―』第2巻、大蔵財務協会。

大蔵省昭和財政史編集室編（1955）『昭和財政史』第4巻、臨時軍事費、東洋経済新報社。

大蔵省編（1953）『財政金融統計月報』第35号（公債特集）、1953年4月、大蔵財務協会。

大蔵省編（1958）『財政金融統計月報』第91号（公債特集）、1958年12月、大蔵財務協会。

大蔵省理財局『金融事項参考書』、『国債統計年報』各年度。

大蔵省理財局（1918）『国債沿革略』第二巻。

大黒俊二（2006）『嘘と貪欲―西欧中世の商業・商人観』名古屋大学出版会。

大阪証券業協会（1951）『証券十年史』。

大塚久雄（2001）『欧州経済史』岩波書店。

岡崎哲二（1999）「日本の金融政策とマクロ経済：歴史的パースペクティブか

ま行

や行

ら行

わ行

さ行

た行

な行

は行

索　引

英字

あ行

か行

【著者紹介】

平山　賢一（ひらやま　けんいち）

東京海上アセットマネジメント株式会社　参与 チーフストラテジスト。

埼玉大学大学院人文社会科学研究科博士後期課程修了、博士（経済学）。東洋大学・学習院女子大学非常勤講師、明治大学 研究・知財戦略機構客員研究員。約35年にわたりアセットマネジメント会社においてストラテジストやファンドマネジャーとして、内外株式・債券等の投資戦略を策定・運用。運用戦略部長、執行役員運用本部長（最高投資責任者）を経て現職。『日銀ETF問題』、『オルタナティブ投資の実践』（編著）、『金利史観』、『振り子の金融史観』、『戦前・戦時期の金融市場』（令和２年度証券経済学会賞）、『物価変動の未来』など著書多数。

金利の歴史

2024年12月１日　第１版第１刷発行
2025年４月15日　第１版第３刷発行

著　者　平　山　賢　一
発行者　山　本　継
発行所　㈱　中　央　経　済　社
発売元　㈱中央経済グループパブリッシング

〒101-0051　東京都千代田区神田神保町１－35
電話　03（3293）3371（編集代表）
03（3293）3381（営業代表）
https://www.chuokeizai.co.jp
印刷／三英グラフィック・アーツ㈱
製本／㈲ 井 上 製 本 所

＊頁の「欠落」や「順序違い」などがありましたらお取り替えいたしますので発売元までご送付ください。（送料小社負担）

ISBN978-4-502-51451-7　C3034